Magisches Etrurien

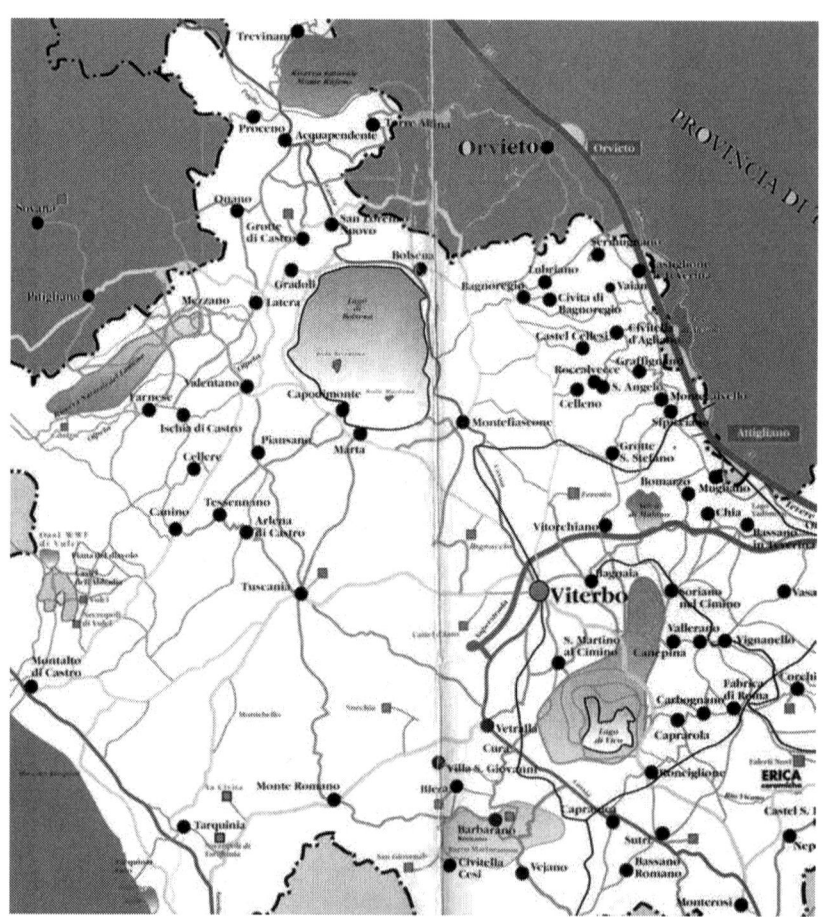

Das Kerngebiet der Etrusker

Franziska Rechperg

Magisches Etrurien

Liebeserklärung an ein unbekanntes Italien

Impressum:
Alle Rechte liegen bei der Autorin
Herstellung und Verlag: Books on Demand GmbH, Norderstedt
Buchgestaltung: Peggy Hahn
München, Dezember 2003
ISBN-Nr: 3-8334-0348-9

Inhaltsverzeichnis

Gewidmet Peter H. meinem
langjährigen Gefährten, der
mich lehrte, hinter die Dinge zu
sehen.

"Ich habe die meisten Gefilde Italiens durchzogen, ich habe die berühmten Fluren von Agrigent und Syrakus durchwandert, aber trotz aller Farbenpracht jener südländischen Zone muß ich doch bekennen, daß mir die Campagna von Rom und Latium den mächtigsten Eindruck macht. Diese Landschaft bleibt immer neu und groß für mich" ...
(Ferdinand Gregorovius)

Vorwort

Ganz bewusst habe ich mich bei diesem Buch weitestgehend auf das Land „Tuscia", zwischen Tarquinia, Viterbo und dem Bolsenasee gelegen, beschränkt.

Hier soll kein neuer Reiseführer von Etrurien bzw. Toskana/Lazio entstehen. Das überlasse ich den Experten. Dieses Buch soll vielmehr eine Beschreibung des Etruriens von heute sein, von den Eindrücken, die auf den Reisenden einwirken, wenn er dieses schöne Land durchstreift. Es berichtet von der Antike, wie sie das Leben der Bewohner auch in unseren Tagen noch beeinflusst, den Fragmenten der alten Welt, die in der modernen Welt noch zu finden sind und vor allem der magisch-mystischen Seite Etruriens.

Bei dem, der Tuscia bereist, wird das Land nördlich von Rom einen Eindruck von Weltabgeschiedenheit hinterlassen. Möglich, dass er es fluchtartig und mit leichtem Schauder wieder verlässt, denn die zahlreichen Grabhöhlen in den Felsen, die ihn anstarren und die Stille, die über jener Landschaft aus mit Laubwäldern und Macchia bedeckten Hügeln und leicht gewellten Flächen liegt, das alles wird ihm unheimlich sein.

Aber einige kommen immer wieder hierher, weil sie sich der Schwingung Etruriens nicht entziehen können. Sie erleben außerdem, dass die Menschen dort auf den ersten Blick eher verschlossen und abweisend, also eigentlich „unitalienisch" wirken, aber wenn sie einmal Vertrauen gefasst haben, sich als hilfsbereit, gastfreundlich und tolerant erweisen. Und sie erkennen eines Tages, dass diese Italiener eher die Nachfahren der Etrusker als die der Römer sind. Den Menschen des südlichen Etrurien ist ein großer Teil dieses Buches gewidmet.

Das etruskische Geheimnis liegt nicht im Ausgraben, Datieren und Katalogisieren von Fundstücken, sondern in einem Bereich, der nur von dem gefunden werden kann, der imstande ist, hinter die Dinge zu sehen.

Macht und Geheimnis eines Volkes

Das alte Volk der Etrusker, dessen Wurzeln in eine noch wenig erforschte Vergangenheit zurückreichen, ist auch heute noch in dem Gebiet, das früher Etrurien genannt wurde, auf eine fast unheimliche Weise präsent. Es wurde oft verkannt, viel geschmäht, viel gelobt und von wenigen verstanden. Gekommen von wer weiß woher, siedelten die Etrusker zunächst zwischen Arno und Tiber, um sich dann im Lauf der Zeit nach Norden bis in die Poebene und noch darüber hinaus bis fast zum Comersee, sowie nach Süden bis Salerno auszubreiten.

Zu einer Zeit als vom späteren Rom noch nichts zu sehen war ausser ein paar Rundhütten aus Schilf, in denen Hirten hausten, gründeten die Etrusker ihre Stadtstaaten. Sie kultivierten als erste das Land, schufen ihre Kanäle zur Be- und Entwässerung und bestellten die Felder. Sie brachten den Ölbaum und den Rebstock nach Italien, bauten Obst, Gemüse und Getreide an, und das mit einem solchen Können, dass es für die anderen, weniger entwickelten Völker der italienischen Halbinsel, die sich bisher auf die Viehzucht beschränkt hatten, fast an Magie grenzte, wie unter ihren Händen alles gedieh. Auch der Handel begann zu blühen.
In ganz Europa fand man die Produkte aus ihren Werkstätten, denn auch das, was man heute Kreativität nennt, war ihnen in hohem Maß zu eigen. In den „Colline metallifere", den stark eisenhaltigen Bergen in der mittleren Toskana, gewannen sie das Erz für die Bronze, aus der sie nicht nur Waffen, Helme und Gebrauchsgegenstände wie Werkzeuge, Haushaltsgeräte, Tische und Leuchter, sondern auch Statuen und Statuetten von Göttern, Göttinnen, Menschen und Tieren schufen. Heute bewundern wir in den zahlreichen Museen nicht nur unzählige kleine Bronzefigürchen, die unverkennbar ihre Handschrift tragen, ebenso stehen wir staunend vor solchen Werken wie der aus Bronze gegossenen Chimäre aus Arezzo, der Götterstatue des Apollo, die in der Erde von Veji gefunden wurde

und vielen anderen Zeugnissen ihres überragenden Könnens, bei denen zwar der griechische Einfluss unverkennbar, aber der Geist, der diese Werke geformt hat, zweifellos etruskisch ist. Sie gingen, trotz der Ähnlichkeit mit griechischen Kunstwerken, ihren eigenen Weg.

Mittlerweile sehen die Archäologen und Geschichtsforscher bereits in den Trägern der Villanovakultur, benannt nach einem kleinen Ort bei Bologna, bei dem die ersten Funde aus dieser Epoche ans Licht kamen, die direkten Vorfahren der Etrusker. Ihre eigene Zeitrechnung in Italien beginnt im Jahr 967 v.Chr. Die neuesten Forschungen bestätigen diese Datierung immer wieder.

Zu Beginn des vierten Jahrhunderts v.Chr. begann ihr Stern zu sinken. Von Norden her wurden sie von den nach Süden stürmenden Kelten bedrängt, zur See nahten die Griechen, die im Süden Italiens ihr Magna Graecia geschaffen hatten und die etruskischen Küstenstädte überfielen und plünderten. In Mittelitalien selbst begann Rom, bei dessen Gründung einst die Etruskern maßgeblich mit beteiligt waren, den etruskischen Städten den Krieg zu erklären. Als erste etruskische Stadt fiel den Erorberungsgelüsten der Römer Veji zum Opfer. Damit war der Niederwerfung Etruriens Tür und Tor geöffnet. Die tragische Geschichte der Stadt Veji, der die übrigen etruskischen Stadtstaaten nicht zu Hilfe kamen, sondern sie in einem jahrelangen Kampf allein ließen, hat u.a. auch der römische Geschichtsschreiber Livius ausführlich geschildert, selbstredend mit Glorifizierung der römischen Seite ...

Danach begann ein Jahrhunderte langer Kampf, den die Etrusker Zug um Zug verloren. Dem Erstarken Roms und dessen kriegerischem Geist hatte dieses alte Volk, dem der unbedingte Wille zum Sieg fehlte, auf die Dauer nichts entgegenzusetzen. Ihre eigene Weltanschauung, nach der die Götter jedem Volk nur eine bestimmte Zeitspanne zugemessen hatten, wurde ihnen zum Verhängnis. Nach ihrer Auffassung waren dem etruskischen Volk, das sich selber Rasenna nannte, nur 10 Zeitabschnitte, auch Saeculi genannt, gegeben. Dann würde es aufhören zu existieren. Ein Saeculum entsprach nicht exakt

100 Jahren, sondern Beginn und Ende wurde von den Priestern festgelegt, die sich dabei nach Zeichen und Ereignissen richteten. So konnte ein Saeculum über 120 oder auch nur 80 Jahre dauern. Das kürzeste und letzte Saeculum währte sogar nur etwa 40 Jahre.

Nach diesem letzten Zeitabschnitt, der mit der Ermordung Caesars endete, war der „etruskische Name" wie man sagte, erloschen. Jene etruskischen Stadtstaaten, die nicht von der Römern erobert wurden, waren schon lange vorher ein Bündnis mit ihnen eingegangen. Der ständig wachsende römische Einfluss führte mit der Zeit zur Aufweichung der etruskischen Kultur und Art, so dass sie immer mehr mit der großen, alles umfassenden und alles verschlingenden römischen Kultur verschmolz.

Zu Beginn unserer Zeitrechnung war von den Etruskern als Volk nichts charakteristisches mehr übrig geblieben. Sie waren in dem großen Schmelztiegel der Völker und Kulturen, die von den Römern erobert worden waren, gleichsam anonym geworden, hatten jedoch geholfen, etwas Neues zu schaffen, das zwar nicht mehr als etruskisch gelten konnte, aber dennoch als Impuls durch die Jahrhunderte fortwirkte bis auf den heutigen Tag. Geblieben sind die Gräber, die riesigen Totenstädte, die sie ihren Verstorbenen geschaffen hatten als Verbindung zwischen den Lebenden und den Toten. Geblieben ist ihr Geist in der Landschaft, die sie geprägt haben, wie kaum ein anderes Volk vorher und nachher.

Ein Etrusker beginnt zu sprechen

Ich wurde vom Rat der Weisen Etruriens ernannt. Ihr werdet jetzt sagen: „Aber wie können die Etrusker, die doch schon so lange tot sind, noch einen Rat der Weisen bilden?" Sie können es. Glaubt mir, Leser dieser Schriftrolle Eurer Zeit! Denn wenn Ihr dieses Buch, wie Ihr es nennt, gelesen habt, werdet Ihr hoffentlich wissen, dass der Tod nur der Übergang in eine andere Welt ist.

So eine Ernennung kommt selten vor – in den letzten Jahrzehnten nach Eurer Zeitrechnung allerdings häufiger als früher. Immer, wenn Lebende, die unser Land besuchen, so weit sind, dass sie uns zu verstehen beginnen, dann tritt der Rat der weisesten Lukumonen, die in Etrurien gelebt haben, zusammen und beauftragt einen der ihren, diese Menschen zu leiten und auch zu beschützen. Dieses Mal handelt es sich um ein junges Paar, das bei seinen Besuchen in Etrurien nach allerlei Irrungen und Verwirrungen plötzlich in Verbindung mit uns trat. Wie das geschah?

Nun, es gehört nicht nur Neugier und Wissensdurst dazu, um mit uns Verbindung aufzunehmen. Eure Wissenschaftler und Gelehrten haben davon sehr viel. Aber es fehlt ihnen eines: Das Gefühl für uns, die Anteilnahme an unserem Schicksal – kurz, es fehlt ihnen überhaupt an Gefühl – Ihr nennt es Emotionen. Für die Gelehrten Eurer Zeit ist es schrecklich und unpassend, bei ihren Forschungen diese Emotionen zu empfinden. Deshalb werden sie auch immer nur die Äußerlichkeiten erkennen, nie aber das innerste Wesen unseres Volkes begreifen.

So haben wir uns immer an Eure Schriftsteller gewandt. Vor einiger Zeit, so wie Ihr sie messt, vor mehr als 100 Jahren, war es Dennis, ein Schriftsteller, der von den kalten und nebligen Inseln im Norden kam, ebenso wie eine Dame namens Hamilton, die allerdings so viel Gefühl hatte, dass sie ungerecht gegenüber unseren Gegnern wurde, und das ist auch nicht wünschenswert. Da gefiel uns D.H.Lawrenz, einige Jahrzehnte später, schon besser. Er verstand uns und liebte uns wie kein anderer der damaligen Epoche. Doch die Götter holten ihn früh zu sich. Dagegen können wir nichts ausrichten, denn auch im Jenseits unterliegen wir ihren Ratschlüssen, sogar noch mehr als in Eurer Welt, in der Ihr es immer mehr wagt, ihnen zu trotzen.

Einmal nahm ich Verbindung auf mit einem Schriftsteller, der anschließend das Buch „Die Reden des Etruskers Masterna" schrieb. Er hielt sich sehr lange am Bolsenasee auf. Es war eine angenehme Zusammenarbeit, aber sein Buch wurde in Eurer Welt wenig bekannt ! Auch die Zeit mit Werner Keller, der unsere Geschichte mit dem Titel „Denn Sie entzündeten das Licht" schrieb, war sehr schön. Es war sehr viel Anteilnahme und Liebe zu uns erkennbar. Sehr lieb gewonnen haben wir auch Sybille von Reden, die ein Buch namens „Das versunkene Volk" schrieb. Sie hat recht! Wir sind versunken im Nebel der Zeit, aber wir sind nicht tot und wir werden wieder auftauchen...

Unsere direkten Nachfahren, die Ihr Italiener nennt, sind auch nicht müßig gewesen. Aber ihnen fehlt es oft an dem nötigen Ernst, sich in unser Bewusstsein zu versetzen. Ein Italiener, der sowohl Forscher als auch Schriftsteller war, mit Namen Signorelli, ließ sich so sehr von seinem Gefühl beherrschen, dass Ihr ihm nicht mehr glauben wolltet. Das war uns auch nicht dienlich.

Im übrigen ist es uns nicht so wichtig, woher jemand kommt. Sein Geist ist wichtig, und der wohnt oft in den Körpern von den Menschen, deren Heimat weit weg von uns ist. Hilfreich ist es für uns Jenseitige und auch für den Diesseitigen, wenn er ein wiedergeborener Rasenna ist, wie wir selber uns nennen. Auch wenn er inzwischen schon etliche Wiedergeburten erlebt hat, in denen er ganz andere Aufgaben hatte, so sind doch große Teile seines Geistes mit dem unseren noch verbunden. Das ist jedoch keine Voraussetzung. Alle, die sich von uns angezogen fühlen, werden zu uns kommen, wenn die Zeit reif dafür ist.

Die beiden, die ich während ihrer Reisen in Etrurien begleiten soll, sind unserer Meinung nach in der Lage, uns zu verstehen, denn sie haben uns lieben gelernt. Daher sind sie fähig, uns wieder in ihre Welt zu bringen. Dann werden wir bei den Völkern des alten Kontinents noch mehr gegenwärtig sein und unseren Geist immer besser dort verankern. Für die kommenden Zeiten ist das sehr wichtig.

Die Frau hatte schon immer den Wunsch zu schreiben und war zeitweilig sehr unglücklich, weil ihr das schöpferische Tun verwehrt war. Wir glauben, dass sie, wenn sie der Welt ihre und unsere Gedanken nahe bringt, ihre Bestimmung erfüllt und eine alte Schuld aus ihrem Leben als Priesterin der Rasenna begleicht. Der Mann war einer der Unseren, einer der ältesten Priesterkönige, die noch in vollem Besitz ihrer magischen Fähigkeiten aus viel älterer Zeit waren. Eine seiner Aufgaben wird sein, diese Fähigkeiten wieder zu entdecken und nutzbringend anzuwenden. Ein Teil seines Auftrags, den er für dieses Leben von den höchsten Gottheiten erhielt, wird darin bestehen, in Etrurien Tore zu öffnen, so dass wir uns hier wieder verkörpern können. Ein Tor wurde von ihm bereits geöffnet! Ich bin gespannt, wie sich die beiden verhalten werden.

Pitigliano, Sovana und Sorano

Lange Zeit haben mein Freund Peter und ich nur in Norditalien, vorwiegend an der Adria, unseren Urlaub verbracht, bis uns eines Tages der Weg in die Toskana geführt hat. Nach einem – viel zu kurzen – Aufenthalt in Porto San Stefano auf der Halbinsel des Monte Argentario, fast am äußersten Ende der Toskana, haben wir am späten Vormittag die Heimreise angetreten.

Wir sind, vom Meer kommend, durch das sanfte Hügelland der Maremma gefahren, vorbei an schon abgeernteten Feldern, wo sich die rote, frisch umgegrabene Erde jetzt am Ende des Sommers wieder ausruhen kann, durch Alleen mit Zypressen, die sich wie strenge Wächter links und rechts am Weg aufgereiht haben und vorbei an einsamen Bauernhöfen, die im Hinterland der Maremma vielleicht schon gestanden sind, als dieser Landstrich noch die „Maremma amara", die bittere Maremma genannt wurde, ein Land der Viehherden und der einsamen Hirten, wo die Malaria hauste und die Briganten, jene Banditen der Toskana und ganz Italiens ihr Unwesen trieben.

Wir wollen wieder nach Hause, zurück nach Deutschland. Vor kurzem saßen wir noch am thyrrenischen Meer, auf der kleinen Terrasse eines Hotels in Orbetello, wo die Wellen gegen die alte etruskische Hafenmauer anrennen, wie sie es schon seit mehr als 2000 Jahren tun.

Jetzt sind wir schon mehr als 30 Kilometer landeinwärts gefahren, als plötzlich vor uns wie eine Fata Morgana auf einem Tuff-Felsen ein Ort auftaucht, so zerklüftet und rötlichgelb wie der Felsen selbst. Wir sehen zum ersten Mal Pitigliano, überragt von einer mächtigen Burg, unter der sich ein Riesenviadukt aus dem Mittelalter dahinzieht.

Aus toten Augen starren uns die halb zerfallenen Häuser an. Eine tiefe Schlucht umgibt den Felsen, der von Höhlen durchlöchert ist wie der sprichwörtliche Schweizer Käse. Hier sollen Menschen leben? Fasziniert beschließen wir, Halt zu machen und uns diesen Ort näher anzuschauen.

Wir schreiben das Jahr 1975. Der Fortschritt hat noch nicht Einzug gehalten. Aber verlassen ist das Städtchen nicht, auch wenn in den engen Gassen vor allem alte Männer und Frauen, alle in schwarzen oder undefinierbar grauen Kleidern, vor den Türen sitzen, um sich noch von den Strahlen der Spätsommersonne wärmen zu lassen. Kinder sehen wir kaum. Eine alte, ebenso wie alle anderen, schwarzgekleidete Frau mit schütterem weißen Haar steht plötzlich vor uns und fängt zu schreien an, unverständliche italienische Worte, schrill und bedrohlich. „Occhi – occhi" hören wir. Und dann, zu unserem großen Entsetzen: „Diavolo! Diavolo!"
Was sieht sie in uns? Was sind wir für sie? Uns ist nicht mehr wohl in unserer Haut. Etwas bedrohliches liegt plötzlich in der Luft, sieht uns aus tausend Augen an, verfolgt uns durch die engen verwinkelten Gassen mit den Halbruinen, durch die wir jetzt im Laufschritt gehen, immer noch begleitet vom Gekreische der alten Frau.
Wir werden plötzlich angestarrt, als ob wir der Leibhaftige und sein Belzebub höchstpersönlich wären! Mittelalterliche Szenen einer aufgehetzten Menge, die im Begriff ist, mit Steinen zu werfen, schießen mir durch den Kopf. Am liebsten würde ich Peter bitten, gleich wieder ins Auto zu steigen und weiterzufahren. Doch als wir endlich das Stadttor erreichen, entdecken wir eine Bar, in die wir uns flüchten.
Die Besitzerin, scheinbar eine der wenigen jüngeren Frauen im Ort, bringt uns auf unseren Wunsch einen Capuccino. Sie ist auf gelassene Art freundlich und scheint nichts von dem Vorfall im Ort bemerkt zu haben.
Mit unseren damals noch rudimentären Italienischkenntnissen radebrechend, versuchen wir, ihr zu erzählen, was vorgefallen ist und fragen sie nach dem Grund dieses unheimlichen Ausbruchs, von dem mir immer noch die Knie zittern.
Wir verstehen schließlich so viel, dass die Alte wohl vor allem Fremden, und wir sind schließlich fremd, warnen will. In diesem halb

zerfallenen Räubernest sind wir nicht willkommen, sondern werden neugierig oder gar misstrauisch beäugt.

Im Mittelalter war Pitigliano einer der Hauptsitze der alten Adelsfamilie Orsini, die ihren Ursprung noch auf die Antike zurückführen kann. Zwei Familien waren es, die um die Vorherrschaft in diesem Gebiet wetteiferten, die Orsini, römischer Adel, noch auf die Antike zurückgehend, und die Aldebrandeschi, langobardischer Abstammung. Burgen und Kastelle beherrschten die Ortschaften hier in der südlichen Toskana, an der Grenze zu Latium.

Später verfielen diese Städtchen, bis sich Ende der achtziger Jahre großzügige Geldgeber fanden, die bereit waren, die Orte der Tuffregion in der südlichen Toskana zu sanieren.

In dem Jahr, als wir Pitigliano das erste Mal sahen, war jedoch davon noch keine Rede. 20 Jahre später, im Jahr 1995 sind wir wieder in Pitigliano. Wir haben bei einem Ausflug in die südliche Toskana hier Halt gemacht, um zu sehen, was aus diesem „alten Räubernest"– denn so haben wir den Ort damals empfunden – geworden ist.

Mittlerweile sind die alten Häuser aus der Renaissance restauriert, kleine Läden bieten Kunstgewerbe, Lebensmittel und Wein der Region an. Man hat sich bemüht, das Alte zu bewahren, aber den Anschluss an die Moderne nicht zu verlieren.

Eines ist uns klar: Eine Szene wie jene, die wir im Jahr 1975 erlebten, wäre heute kaum mehr möglich, denn inzwischen hat sich das Durchschnittsalter der Bewohner von Pitigliano wesentlich gesenkt, und die alte Frau wird längst das Zeitliche gesegnet haben.

In Pitigliano siedelten sich im Mittelalter viele Juden an, die vom Papst aus Rom vertrieben worden waren und denen der damalige Fürst Orsini Zuflucht gewährte. So entstand hier ein Judenghetto mit einer Synagoge, die, im Jahre 1975 noch eine Ruine, Anfang der neunziger Jahre wieder aufgebaut wurde.

Diesen Juden von Pitigliano und ihrem Leben im Mittelalter, so erfahren wir bei Besichtigung der neu aufgebauten Synagoge, die uns freundlicherweise ermöglicht wird, ist in italienischer Sprache ein Buch gewidmet, das wir von der Sopraintendanza gratis zugeschickt bekamen, als wir im neu eingerichteten Museum der alten Orsiniburg den Kustoden darauf ansprachen.

Wie 20 Jahre zuvor trinken wir in der kleinen Bar vor dem Stadttor einen Espresso. Der jetzige Besitzer ist ein freundlicher alter Mann, der von der Welt da draußen erschreckend wenig Ahnung hat, obwohl neuerdings doch so viele Fremde kommen. Tarquinia? Ja, davon hat er schon gehört. Aber was liegt dort außerdem noch? Nein, weiß er nicht. Monte Argentario? – Kennt er nicht. Nie davon gehört! Tuscania? – Ja, da war doch vor vielen, vielen Jahren ein schweres Erdbeben. Aber wo das genau liegt, weiß er nicht. Das ist jener Campanilismus, der einem in Italien immer wieder begegnet ...
Was man vom Kirchturm aus überschauen kann, das ist wichtig. Außerhalb des eigenen Dorfes und der Felder, die dazu gehören, da sind die anderen und die kennt man nicht und interessiert sich auch nicht für sie. Schließlich hat man selber mit sich und seinen Sorgen und Nöten genug zu tun.
Aber eines weiß er: Die Löcher in dem Felsen, auf dem Pitigliano steht, sie sind nicht nur ehemalige Etruskergräber, die jetzt übrigens als Schuppen und Weinkeller genutzt werden, sondern auch die Öffnungen eines riesigen Labyrinths von unterirdischen Gängen, die so weit verzweigt sind, dass selbst nicht einmal die Bewohner Pitiglianos alle kennen ...

Kopfschüttelnd verlassen wir Pitigliano, um diesmal weiter durch die dicht bewaldeten Hügel nach Sorano zu fahren. Auch dieser Ort liegt auf einem steil aufragendem Felsen. Ebenfalls in den Tuff gehauen, viel kleiner als Pitigliano – goldbraune Farbe auch hier.
Bewacht wird Sorano von einer überdimensional großen Fortezza der Orsini auf der einen Seite – und beschirmt vom Rocca Leopoldo – einer wie ein Schlachtschiff auf einem separaten Felsen thronenden anderen Burg. Letztere geht auf einen österreichischen habsburgischen Herrscher namens Leopold zurück, der im vorvorigen Jahrhundert in der Toskana herrschte und diesen scheinbar uneinnehmbaren Riesenbau schuf.

Aber was ist heutzutage schon das Prädikat uneinnehmbar wert? Nichts scheint mehr unmöglich, alles kann erobert werden – erst recht dieser Felsen, sei es auch nur die friedliche Eroberung durch die Touristen, für die zur Besichtigung des Monsterbaus zu bestimmten Zeiten ein Lift hinauffährt. Wir haben uns, abgeschreckt durch die lange Schlange der Touristen, die alle dieses Schlachtschiff von Burg besichtigen wollten, lieber einen Videofilm über diesen Ort und seine Sehenswürdigkeiten gekauft.

Sorano bietet einen wunderschönen Blick auf die Fels-Schluchten, die der Fluss „Lente" gegraben hat. Täler, aus denen Felsen mit Grabhöhlen herausragen – dieses Gebiet ist der Vorposten für das Nordlatium, das eigentlich zur Toscana gehören müßte. Die Leute im Nordlatium empfinden sich auch als „toscani laziali", und vielen, sowohl in der Toscana als auch jenseits der willkürlich gezogenen Gemarkung der Provinz Toscana würden ihr Gebiet am liebsten wieder in „Etruria" umbenennen. Diesem Begriff, auch an öffentlichen Gebäuden, begegnen wir immer wieder. Wem würde es eigentlich weh tun, wenn man diesem Wunsch der Bevölkerung entsprechen würde? Aber vielleicht will die Regierung in Rom keine allzu große Stärkung des Selbstverständnisse gerade hier, vor der Haustür Roms, der ehemaligen Rivalin und heutigen Herrscherin?

Von Sorano nach Sovana geht es weiter durch die malerische Landschaft mit ihren „viae cave" – Straßen, die von den Etruskern in den Fels gehauen wurden. Es sind Begräbnisstrassen, Prozessionswege, die durch einen immer dunkler werdenden tiefen Felseinschnitt führen, wo die hohen, mit Moos und Flechten bewachsenen Felswände immer näher zusammenrücken.

Dann plötzlich sieht man wieder das Licht am Ende der Schlucht und der Weg führt in den Sonnenschein, hinaus auf eine Hochebene. Leben und Tod rücken hier enger zusammen als sonst wo. Sowohl bei der Geburt, als auch bei seinem Tod geht der Mensch durch ein enges dunkles Tal, um dann wieder ins helle Licht des diesseitigen oder des jenseitigen Lebens zu gelangen.

Inmitten solcher Überlegungen sind wir in Sovana angekommen, wo einem Drachen gleich, am Ortseingang die zerfallene Burg der Aldebrandeschi liegt. Im Mittelalter war Sovana eine blühende Stadt. Die letzte aus dem Geschlecht der Aldebrandeschi, Anastasia , heiratete einen Fürsten aus dem Hause Orsini und damit war die Tuff-Region der südlichen Toskana endgültig mit dieser alten römischen Adelsfamilie, die in ihrem Wappen von alters her einen Bären führt, im Guten wie im Bösen verbunden ...

Sovana erlebte nach einer Blüte zur Zeit der Etrusker und einer glanzvollen im Mittelalter später durch Kriege und Seuchen eine langanhaltende Zeit des Verfalls. Zuerst fiel der Verputz von den Häusern ab, dann bröckelte das Mauerwerk – kurz - die Häuser zerfielen, die Menschen starben und am Ende blieb nur noch ein Trümmerhaufen, in dem einige wenige Überlebende ihr klägliches Dasein fristeten.

„Die Stadt des Jeremias" wurde Sovana fortan genannt. Bei diesem Namen sehe ich sofort vor meinem geistigen Auge rauchende geschwärzte Balken, Reste von verkohlten Trümmern und einige wenige verzweifelte, ziellos umherirrende Menschen. Was war geschehen?

Nicht nur die Kriege waren es, die Sovana immer wieder in Schutt und Asche legten. Es trat hier in vermehrtem Maße die Geisel der südlichen Toscana auf – die Malaria. Immer wieder wurde versucht, den Ort durch Menschen aus allen Teilen Europas neu zu beleben, jedoch sie starben bis auf wenige jedes Mal an dieser Seuche, der man damals völlig hilflos gegenüber stand und die in der Maremma ganze Landstriche entvölkerte. Vergessen waren die profunden Kenntnisse der etruskischen Ingeneure, die durch ihre Entwässerungsanlagen, ergänzt durch gezielte Bewässerungsgräben, das Land in ein reiches fruchtbares Paradies verwandelt hatten.

Erst im 20.Jahrhundert, als man begriff, dass die versumpften Täler, in denen das Wasser nicht mehr abfließen konnte, Brutstätten der Anophelesmücke, der Überträgerin der Malaria, waren, und dieses tödliche Fieber nur durch eine Rekultivierung des ganzen Gebietes bekämpft werden konnte, gelang es, das Städtchen neu zu beleben. Und so entstand im ausgehenden Jahrtausend wieder ein Kleinod aus alter Zeit.

Eigentlich besteht Sovana nur aus einer Straße, die vor einigen Jahren ein neues Pflaster erhielt. Ihr entlang liegen, aneinander gereiht und aneinander gebaut, teils quadratische, teils spitzgieblige, meist einstöckige Häuser, alle aus dunklen Natursteinen. Schnell gelangt man auf den Hauptplatz, dem einzigen des Ortes mit seinem Palazzo Pretorio und der Loggia del Capitano, dem Palazetto Comunale oder „Dell'Archivo". Die drei Gebäude entsprechen eigentlich nicht der landläufigen Vorstellung von Palästen. Ich persönlich habe eher den Eindruck, dass sie deren Überreste sind. Der Palazzo dell'Archivo mit seiner Trapezform und dem aufgesetzten Glockenturm beherrscht die Piazza als das Wahrzeichen von Sovana.

Dort teilt sich die Hauptstrasse, wobei die rechte zum etwas ausserhalb des Ortes liegenden Dom führt. Doch zurück zum Hauptplatz: Gegenüber dem Palazzo Pretorio mit seinen verschiedenen Wappen an der Vorderfront liegt eine Kirche, die auf das 12. Jahrhundert zurückgeht, und in ihrem schlichten gedrungenen romanischen Stil noch archaischer wirkt als der am Ende des Ortes gelegene Dom.

Das Ziborium, ein Altar in Form eines kleinen Hauses mit glatten tuskischen Säulen, in dieser Form nur im frühen Mittelalter üblich, vereinigt Stilelemente aus der präromanischen Zeit und aus der Antike. In diesen Kirchen, deren Wirkung durch ihre in Stein gehauenen Darstellungen von Heiligen, aber auch Dämonen, Fabelwesen und stilisierten Pflanzen bestimmt ist, herrscht eine andere Art von Frömmigkeit als in unseren Barock- und Rokokokirchen. Etwas von der Naturreligion der Alten, für die alles, jeder Baum, jeder Strauch, jeder Stein lebendig war – hier hat es überlebt und nicht nur der Landschaft, sondern auch den Kirchen ihren Stempel aufgedrückt.

Alles ist hier ein wenig heidnisch. In der „grünen Hölle", die Sovana umgibt, einem Dschungel vergleichbar, in dem die verschiedensten Gewächse über- und untereinander wuchern, haust noch der bocksbeinige Ziegengott, der zur Mittagsstunde die Hirten erschreckte und die Mädchen raubte, wenn sie nicht rechtzeitig schreiend davonliefen. Hier befinden sich die beeindruckendsten und am aufwendigsten gestalteten, ganz in den Tuff gehauenen Gräber Etruriens.

In diesem Teil des Landes konnten sich noch, bis zur völligen Auflösung der etruskischen Stadtstaaten, lange Zeit reiche etruskische Familien halten, die aus dem weichen Tuffstein Monumente von Gräbern – mit riesigen Säulen, Portalen und Kapitelen schlagen ließen. Die verwitterten und bemoosten Figuren, die auf den Friesen der tempelähnlichen Gräber zu sehen und teilweise nur noch zu ahnen sind, sollen Gestalten aus der antiken Sagenwelt darstellen ...

Diese halb zerfallenen Gräber, überwuchert vom Grün der Vegetation, sind mittlerweile die Hauptattraktion des neu geschaffenen archäologischen Parks der Tuffregion. Die inzwischen vorgenommenen Rekonstruktionen lassen ahnen, wie prächtig diese Grabestempel waren mit ihren Göttern, Silenen und Titanen.

Das bekannteste und am besten erhaltene oder instandgesetzte Grab ist die „Tomba Ildebranda", genannt nach dem aus Sovana stammenden Mönch namens Hildebrand, dem späteren Papst Gregor VII. Dieser Papst ging als derjenige in die Geschichte ein, der im sogenannten „Investiturstreit" den deutschen Kaiser Heinrich zum berühmten „Gang nach Canossa" veranlasste, um den Kirchenbann zu lösen, der auf ihm und dem ganzen Reich lastete.

Zwei Jahrhunderte später, als zur Zeit der Stauffer die deutschen Kaiser wiederholt vom Bannstrahl der Päpste getroffen wurden, war diese Waffe schon stumpfer geworden. Aber damals, 100 Jahre früher, war dieser Kirchenbann eine Katastrophe – nicht nur für den Kaiser, sondern auch und vor allem für seine gläubigen Untertanen, denn es durften keine Messen gelesen und keine Sakramente erteilt werden. Ein Katastophe in der frommen Welt des Mittelalters!

Im angeblichen Geburtshaus jenes strengen Papstes ist jetzt ein Schneckenmuseum untergebracht. Was Schnecken mit dem Papst zu tun haben, ist mir allerdings schleierhaft. Papst und Kaiser – weltliche oder kirchliche Herrschaft – in der Blütezeit der Etrusker waren es die Lukumonen, die Priesterkönige, die beides vereinigten. Erst als die Trennung zwischen den beiden Ämtern erfolgte, begann auch der Niedergang der etruskischen Herrschaft. Eine Folge der sich ändernden Strukturen oder die Degeneration eines ehemals mächtigen Volkes? Vielleicht beides. Die Riten waren nicht mehr mit Leben erfüllt, denn die magischen Fähigkeiten der Priester nahmen immer mehr ab. Damit war der echte Glaube an die Welt der Götter zum Sterben verurteilt, und mit ihm das Volk der Rasenna, von seinen Gegnern auch Tusker genannt, dem die Religion alles gewesen war.

Wahrhaftig, Sovana ist ein seltsames Städtchen, wohl das ungewöhnlichste in der Toscana. Mittelalterliche Orte gibt es dort mehr als genug, aber keiner wurde auf so makabre Weise konserviert. Es starb so oft, daß es jetzt nicht mehr richtig zu leben vermag. Nichtsdestotrotz haben wir hier in einer der beiden Trattorien gut gespeist, einige Bars, Andenkenläden und ein Antiquitätengeschäft gefunden, bei dem wir uns fragen, ob der Besitzer wirklich davon leben kann. Auch haben sich mittlerweile, ähnlich wie in Pitigliano einige Läden etabliert, die Produkte des Landes wie Olivenöl, Wildschweinsalami, Pilze und Früchte verkaufen. Das Bild einer Theaterkulisse ist jedoch nicht gewichen. Am Abend, wenn die Touristen weg sind, steht diese Kulisse allein und verlassen da, um erst durch das Publikum des nächsten Tages wieder zum Leben zu erwachen.

Nichtsdestoweniger befindet sich hier das Tor aus der freundlichen, lachenden Toscana in eine andere Welt, jene der Etrusker, die uns immer mehr gefangen nehmen wird.

Der Rasenna:

Wir Rasenna hatten in einem großen Maße Fähigkeiten, die Ihr als Hellsichtigkeit bezeichnen würdet.

Ein geringer Rest davon war der alten Frau geblieben, die unser junges Paar bei seinem ersten Verweilen in Pitigliano getroffen hatte. Aber sie sah Dinge, die sie mit den beiden in Verbindung brachte, nur verzerrt und wie durch einen dichten Schleier. Das machte ihr Angst. Und so kam es zu diesem Ausbruch, der alle so erschreckt hatte.

Ja, meine Freundin hat recht, dass die Riten später nicht mehr mit Leben erfüllt waren. Doch das war nicht mehr möglich, da sich die Zentralsonne im Mittelpunkt des Universums weiter entfernte und wir nicht mehr ihre volle Kraft erhielten. Das Zeichen des Widders schwand, und im emporsteigenden Zeichen der Fische wurde der Zentralstern immer schwächer. Auch das war ein Grund, warum die Riten nicht mehr wie früher wirkten, denn das eine hängt mit dem anderen zusammen. Natürlich erhielten auch die Menschen nicht mehr genügend Energie, die von dieser Quelle ausgeht. Und so verging ihr Glaube, und mit ihm auch die Kraft der heiligen Handlungen. Aber das wird meine Freundin erst später begreifen...

Die Burg der Fürsten Orsini in Pitigliano

Ein für die südliche Toskana typisches Städtchen

Die Magie etruskischer Hohlwege

VULCI - ein Sommernachtstraum

Jahrelang waren wir nicht mehr in der Toskana gewesen. Für mich galt sie als „abgehakt", ein Reiseziel unter vielen. Aber ich hatte meine Rechnung ohne meinen Gefährten gemacht. Um mich erneut für die Toskana zu begeistern, wusste er geschickt mein Interesse für die Etrusker zu erwecken, nämlich mit Werner Kellers Buch „Denn sie entzündeten das Licht – eine Geschichte der Etrusker". Nach einigen Seiten war ich gefesselt von seiner einfühlsamen Art, die Geschichte dieses Volkes zu erzählen, und da wir uns in der südlichen Toskana aufhielten, nicht weit von der Grenze zum Latium, beschlossen wir, einen Ausflug zu den Ausgrabungen von Vulci zu machen.

Was hatten wir bisher von Vulci gesehen? Den hohen Bogen der Brücke, welche die Schlucht der Fiora überspannt, auch noch heute ein Meisterwerk, damals Verbindung der Stadt der Lebenden mit jener der Toten. Ihre Pfeiler sind noch von den Etruskern gebaut, den Bogen haben die Römer instand gesetzt. Aber man darf annehmen, dass sie zur Etruskerzeit denselben kühnen Schwung aufwies wie heute. Daneben mit ihrem runden Turm, schwärzlich und fast etwas plump, die alte Abtei aus dem ausgehenden Mittelalter, jetzt ein Museum. Das Wort Museum erweckte in mir zu diesem Zeitpunkt unangenehme Erinnerungen an meine Schulzeit, an Lehrer, die Dinge unterrichten, die einem partout nicht interessieren und stickige Luft, die müde macht. Nein, das Museum mochte ich mir nicht anschauen. (Wir haben es dann später nachgeholt). Bis hierher waren wir früher gekommen, aber nicht weiter. Jetzt wollten wir das anders machen.

Wir fuhren den Wegweisern nach, einen staubigen, von unzähligen Löchern beschädigten Feldweg, zwischen endlosen Weizenfeldern und Viehweiden hindurch, wo die schönen weißen Maremmarinder mit ihren riesigen Hörnern grasen. Die gelben Wegweiser zeigten uns die Richtung der „scavi etrusci", dorthin, wo einst die etruskische Stadt gestanden hatte. Als wir schon dachten, unser Wagen würde nun endgültig in einem der tiefen Löcher stecken bleiben, waren wir da. Die Reste eines Stadttores empfingen uns, gleichzeitig auch ein Gatter mit einem Schild, das uns darauf hinwies, dass wir uns vor wilden Tieren in acht nehmen sollten. Ein Witzbold hatte „lupi"(Wölfe) dazwischengekritzelt.

Wir betraten die alte Strasse, noch erkennbar als die frühere Hauptstraße mit Resten des römischen Kopfsteinpflasters. Es war Mittagszeit und bereits sehr warm. Die Stille, die hier herrschte, wurde nur vom Zirpen der Grillen und dem Sägen der Zikaden unterbrochen. Jedoch - war da nicht ein Raunen um uns? Waren wir wirklich allein? Was huschte dort über den Weg? Waren es nur die Eidechsen, die scheu das Weite suchten, wenn wir uns näherten? In solchen Momenten scheint alles möglich, wenn die Luft flimmert und die Stille zu flüstern beginnt. War nicht für die antiken Völker die Geisterstunde um die Mittagszeit, die Stunde, in der Pans Flöte erklang?

Was war Vulci vor 2500 Jahren? Eine blühende Stadt, von der nur noch einige Mauern und die Reste eines Tempels geblieben sind. In den Abhängen links und rechts der Strasse kommen immer wieder Scherben von antiken Töpfen und Tassen zum Vorschein. Alles ist vergangen – die Stadt war im 3.Jahrhundert vor unserer Zeitrechnung von den Römern erobert worden. Eine halb ausgegrabene römische Villa, deren schöner Mosaikboden mit weißen und schwarzen Steinen noch gut erhalten ist und Reste einer privaten Therme zeugen davon.

Vulci war eine der zwölf Lukumonien gewesen. So nannten sich die etruskischen Stadtstaaten, die sich zu einem lockeren Städtebund zusammengeschlossen hatten.

In der Umgebung wurden mehrere Nekropolen gefunden. Die Einwohner der Stadt, bekannt für ihren Handel mit Bronzegegenständen, die in Griechenland sehr begehrt waren, kauften im Gegenzug eine Unmenge der schönsten griechischen Vasen, die heute noch als „etruskische Vasen" bei Sammlern und in Museen anzutreffen sind. Nach dem Tod ihres Besitzers wurden sie ihm ins Grab mitgegeben. Schließlich sollte er sich auch im Jenseits daran erfreuen.

In einer „Tomba Francois" genannten Grabanlage, nach einem Ingenieur und Archäologen benannt, der im 19.Jahrhundert in

Vulci Grabungen durchgeführt hatte, entdeckte man Fresken, die ein wenig Licht auf die etruskische Geschichte werfen. Hier wird eine Begebenheit geschildert, die von verschiedenen römischen Schriftstellern erwähnt wurde, nämlich Kämpfe zwischen Etruskern und Römern, wobei ein Mann namens Mastarna seinen Freund Caelius Vibenna aus der Gefangenschaft befreit. Es handelt sich bei diesem Mastarna um niemand anderen als um Servius Tullius, dem zweiten etruskischen König von Rom, der aus Vulci stammte, wie der römische Kaiser Claudius in seiner Geschichte der Etrusker zu berichten wusste.

Die Fresken sind längst nicht mehr im Grab zu finden. Sie wurden abgenommen und nach Rom gebracht, wo man sie in der Villa Albani besichtigen kann. Die Grabanlagen sind nunmehr nur noch schwarze Höhlen mit verzweigten Gängen, in die kein Tageslicht fällt, schwer zu erreichen und noch schwerer begehbar.

Wir setzten jedoch unseren Weg fort, weiter die sonnendurchglühte Strasse hinunter in dieser leeren einsamen Landschaft. Unsere Gedanken weilten bei den Etruskern, die hier vor so langer Zeit gelebt, Landwirtschaft und Handel betrieben, gelacht, geweint und geliebt, Kinder gezeugt hatten und gestorben waren. „Staub sind alle, die hier waren – ach, wer kennt noch ihre Namen ...". Dieses alte Kirchenlied ging mir nicht mehr aus dem Sinn.

Was war aus Vulci geworden? Nach der Eroberung durch die Römer hatte die Stadt, wenn auch wichtiger Teile ihres Territoriums beraubt, noch eine Weile weiter existiert, aber nachdem ihr Lebensnerv, nämlich ihr Zugang zum Meer, durch die Errichtung der römischen Kolonie Cosa durchtrennt worden war, wurde Vulci unbedeutend und versank schließlich im Dunkel der Geschichte ...

Nach einigen hundert Metern hörte der Weg auf und was jetzt kam, war nur noch ein Abhang aus fast undurchdringlichem Gestrüpp – eine Mischung aus dornigen Bromberranken, Brenn-Nesseln und verfilztem Gras. Von weitem hörten wir die Fiora leise rauschen, die jetzt zwar nicht mehr viel Wasser mit sich führt, aber zu früheren

Zeiten ein tiefes Flussbett in die Landschaft gegraben hatte. Wir gaben auf, uns durch das Dickicht der wild wuchernden Pflanzen zu kämpfen und traten den Rückweg an.

Am Abend war es immer noch sehr warm. Zurück in unser Hotel gekommen, stellten wir fest, dass sich unser Zimmer tagsüber mächtig aufgeheizt hatte, und die Nacht keine wirkliche Kühle brachte. So verfiel ich in einen unruhigen Schlaf. Ich sah im Traum das alte Vulci im Mondschein vor mir liegen, so wie es einst gewesen sein mochte, mit seinen Häusern in einem warmen goldbraunen Ton und den Stadttoren mit ihrem viereckigen Türmen. Jedoch die Menschen schliefen, und so sah ich keinen der einstigen Bewohner Vulcis ....

Wie hatten die etruskischen Häuser ausgesehen? Durch die neuesten Computerauswertungen, denen die Details der Ausgrabungen zugrunde liegen, ist es möglich, wenigstens teilweise die Gebäude zu rekonstruieren.

Die größeren hatten die berühmte Atriumsform, einstöckig, rechteckig und im Inneren parallel angeordnete Räume, die auf einen Portikus hinaus gingen. Von dort gelangte man direkt auf die Straße. Später ging diese Bauweise auf die römischen Villen über. Der untere Teil der Häuser war aus Steinblöcken gebaut, der obere bestand aus einem Balkengitter, dessen Zwischenräume mit Schilf und Zweigen gefüllt und das mit einer Lehmschicht bestrichen war. Oft presste man den Lehm auch direkt in das Balkenwerk und die dafür vorgesehene Schalung. Nicht nur die ebenfalls rechteckigen Tempel mit ihren hölzernen Säulen, die der römische Schriftsteller Livius als gedrungen und schwer bezeichnete, sondern auch die Häuser waren von oben bis unten mit bunten bemalten Tonplatten bekleidet. Die Dächer, vorwiegend aus Terrakottaziegeln, hatten Regentraufen in Form von Tierköpfen. Die Stirnziegel waren als Menschen- oder Tierköpfe gestaltetet. Auf dem Dachfirst hatten die Etrusker Figuren von Götterstatuen angebracht, und auch die Dachpfannen waren mit Skulpturen verziert.

Die etruskische Welt war mit Sicherheit sehr farbenfreudig. Dazu kam ein Geräuschpegel, der von der antiken Welt ansonsten nicht bekannt ist, nämlich ständiges Flötenspiel, das durch alle Straßen der Städte und Städtchen hallte. Die Etrusker waren Meister dieser Kunst. Wie antike Schriftsteller berichteten, wurde die Doppelflöte bei buchstäblich allen Tätigkeiten des täglichen Lebens gespielt. Daher gab es in einer etruskischen Stadt, so mokierte man sich, kaum einen ruhigen Platz. Auf uns würde so eine Stadt mit ihren grellbunten Farben und ihrem immerwährenden Flötenspiel wie ein tagtäglicher Jahrmarkt wirken. Welch merkwürdiges Volk! Aber dennoch ertappe ich mich immer wieder bei dem Wunsch, einmal nur in diese Zeit zurückgehen zu dürfen, um das alles mit eigenen Augen zu sehen und mit eigenen Ohren zu hören, allerdings ohne selbst gesehen oder gehört zu werden ...

Wie traurig, dass von Vulci so wenig ausgegraben wurde! Neuerdings ist man allerdings dabei, unter dem römischen Pflaster die etruskische Straße wieder freizulegen. Aber das ist ein Tropfen auf den heißen Stein. Überall in Italien wäre so viel zu erforschen und zu graben, dass der italienische Staat wahrscheinlich, wollte er wirklich konsequent alles freilegen, was unter der Erde ruht und nicht überbaut ist, sehr schnell bankrott wäre.

Also zirpen über der versunkenen Stadt weiterhin die Grillen, huschen die scheuen Mauergeckos und die flinken Eidechsen.

Der Rasenna, diesmal mit einer gewissen Freude:

Zum ersten Mal hat die Frau hier die Kraft der Erde und ihrer Schwingungen gespürt, die in den Überresten dieser Stadt von uns und fast nur von uns Rasenna kommen, denn Velchna, wie wir es nannten, wurde in den darauf folgenden Saeculi nicht mehr besiedelt. Sie hat von hier etwas mitgenommen, was sie nicht mehr verlassen und sie auch in ihre Heimat begleiten wird. Auch wenn sie hierher nicht mehr zurückkehren würde – sie hat in unserer Stadt den ersten Anker geworfen. Hoffen wir, dass noch weitere dazukommen werden ...

Etruskisch-römische Brücke bei Vulci

Die etruskische Stadt Vulci war nur von einer Seite durch den steil
abfallenden Felsen geschützt.

Tarquinia

Sandsteinfarbige viereckige Türme auf einem sanft ansteigenden Hügel sind das erste, was wir, von der Via Aurelia herkommend, sehen. Geschlechtertürme, wie 200 km weiter nördlich in San Gimignano, wo, wie überall in Etrurien, der heutigen Toskana, die Adelsfamilien im Mittelalter sich voreinander verschanzten. Nie waren die Völker Italiens vereint, außer während der „Zwangseinigung" in römischen Zeiten. Der Nationalstaat war späteren Generationen vorbehalten, aber die vielen Stämme, die hier lebten, waren zu verschieden und zu sehr auf ihre Unabhängigkeit bedacht, als dass es wirklich zu einer Einheit hätte kommen können. Seit nicht ganz 150 Jahren gibt es wieder einen italienischen Staat, aber der Kampanilismus ist immer noch nicht verschwunden; in den Köpfen der Italiener besteht er weiter.

Tarquinia ist eine kleine mittelalterliche Stadt, mittlerweile mit einem ansehnlichen Handelsbezirk, wo die Einwohner alles bekommen, was sie für das tägliche Leben brauchen. Viterbo liegt 40 km weiter, aber schon wieder in einer eigenen Welt. Gewiss, fast jeder hat ein Auto, aber das Benzin ist teuer. In die Ferne schweifen braucht man nicht, denn die Welt kommt zu Besuch.

Vom Hauptplatz aus, der Piazza Cavour, hat man einen herrlichen Blick auf das tyrrhenische Meer, dieses Meer, auf dem die Etrusker damals in ihren Schiffen mit den viereckigen Segeln und dem Rammsporn am Bug kreuzten. Vor langer Zeit landeten hier die ersten Einwanderer aus der Ägäis, jene Menschen, die vielleicht noch zu den Ureinwohnern des Mittelmeerraums zählten, und die einst Kreta, die griechischen Inseln und Kleinasien besiedelt hatten. Verdrängt von den Völkern, die aus dem Norden kommend, plötzlich in ihren Lebensraum eingebrochen waren, hatten sie sich ihrerseits auf die Wanderschaft gemacht. Viele von ihnen betraten hier das erste Mal italienischen Boden. Vielleicht waren sie auf der Suche nach Süßwasser hier gelandet und hatten rasch erkannt, dass sie eine fruchtbare Erde und ein an Bodenschätzen reiches Land gefunden hatten. So kamen, wohl in kleinen Gruppen, immer mehr Menschen aus Armenien, Karien, Lydien und den Kleinasien vorgelagerten Inseln hierher und siedelten sich an.

Vermutlich waren es vorwiegend friedliche Einwanderer, teilweise auch Händler, sicher auch Piraten auf der Suche nach Beute, die dann jedoch zu bleiben beschlossen und sich nach und nach mit den Ureinwohnern mischten. Aus dieser äußerst (in jeder Hinsicht) fruchtbaren Mischung der Kulturen entstand so nach und nach das etruskische Volk. Einer der Anführer jener frühen Siedler war ein Mann namens Tarchon, der nach der Legende als Gründer der nach ihm genannten Stadt Tarchna, heute Tarquinia, gilt. Vielleicht kam er wirklich, wie überliefert, aus Lydien mit einer Gruppe von Menschen seines Volkes, die vor schlechten klimatischen Lebensbedingungen und Missernten hierher geflüchtet waren. Eines war er jedoch vermutlich nicht – der Anführer eines ganzen Volkes, das plötzlich beschlossen hatte, auszuwandern, wie der griechische Geschichtsschreiber Herodot behauptet hatte.

Die Gräber der Etrusker, am Stadtrand gelegen, sind eine Attraktion, denn durch ihre Fresken sind sie weltweit bekannt. Im Sommer halten an der schmalen Straße, die an der Nekropole vorbeiführt, die Touristenbusse aus Deutschland, Frankreich, der Schweiz, Belgien und last but not least auch die einheimischen Busse. Die Touristen steigen aus, werden zu den kleinen Häuschen geführt, die über die Grabhügel gebaut wurden, steigen die Treppen hinunter und schauen durch das Glas, das die Grabräume von den Besuchern trennt, in die Grabkammern mit ihren Szenen aus einer Welt, die seit über 2000 Jahren vergangen ist. Sie sehen die Vorfahren der Italiener bei Banketten, Tänzen, bei Jagd und Fischfang, Wettkämpfen, und beim Abschied vom Leben. Es war eine bunte, fröhliche und für uns geheimnisvolle Welt, mit Tänzern, deren Gesten und Bewegungen von uns schwer zu interpretieren sind. In hauchdünne Stoffe gekleidet, vibrierend bis in die Fingerspitzen, mit seltsam abgeknickten Handgelenken, die Beine verkreuzt, so sieht man die Etruskerin, umweht von bunten Röcken, ganz dem Rhythmus und der Musik hingegeben. Die jungen Männer spielen die Doppelflöte, feierlich, auch sie erfüllt von den Klängen, die sie diesem so typisch etruskischem Instrument entlocken. Es waren „heilige" Tänze, welche die Tanzenden in eine bestimmte Schwingung versetzten, verstärkt durch die Musik der Doppelflöten, begleitet von Klatschen und Rasseln einer Art von Kastagnetten, die einige Tänzerinnen in der Hand halten. Eine Art zu tanzen, die man heute noch bei Naturvölkern antrifft, versetzte diese Tänzer und Tänzerinnen in Trance und öffnete ihnen die Tür in die „Anderswelt", aus der sie verwandelt zurückkehrten.

Orangerot, gelb, blau und grün sind die hervorstechendsten Farben, in denen damals gemalt wurde. Die Räume selber sehen aus wie kleine Zimmer, die Decken mit imitierten, in den Fels gehauenem Gebälk oder mit aufgemalten Schachbrettmustern. Sie sind leer, denn die Grabbeigaben sind mittlerweile längst im Museum von Tarquinia in Schaukästen schön drapiert. Leider hat die Atemluft der vielen Besucher, die tagaus, tagein in den Sommermonaten kommen, die Fresken mittlerweile stark beschädigt. Jahrtausende lang hatten sie Bestand, aber unser Zeitalter mit seinem ungebremsten Tourismus hat dafür gesorgt, dass ganze Teile der Tänzer und der Männer und Frauen auf ihren Ruhebetten bei den Festbanketten verschwunden sind. Es ist gespenstisch, wenn man von einem tanzenden Jüngling nur noch die Beine sieht, eine schöne Tänzerin nur noch einen Rest ihres Oberkörpers hat oder einem stolzen Reiter ein Teil des Gesichts fehlt, gerade so, als ob ein Teil von ihnen in jener „Anderswelt" geblieben wäre, in die sie sich durch ihre Tänze versetzten. Oft sind es, wie bei den Fresken in der „Tomba del Barone", bei denen eine schlanke grazile Frau, die über ihrer Kopfbedeckung noch einen Schleier trägt, einen Mann mit Trinkschale segnet, nur noch Schemen, die sich begrüßen oder voneinander Abschied nehmen. Sie sind jetzt auch in unserer Welt das, was sie nach ihrem Tod geworden sind – Schatten an der Wand.

Die Sarkophage aus dem Gräbern stehen im Hof oder in den unteren Räumen des Museums, das einmal in der Renaissancezeit ein Palast war. Mittlerweile konnten die Forscher viele den entsprechenden

Familien zuordnen und so stehen die Sarkophage in eigens dafür geschaffenen Räumen des Museums wie in einer Familiengruft, sogar in chronologischer Reihenfolge. Es sind die ehemaligen Honoratioren der Stadt, die Nachfahren der Gründer und Oberhäupter der alten Familien, die vermutlich Jahrhunderte lang die Geschicke Tarquinias, oder Tarchnas, wie es bei den Etruskern genannt wurde, bestimmten. Doch die steinernen Gestalten auf den Sarkophagen schauen uns forschend an. Die meisten lagern halb aufgerichtet auf ihren steinernen Ruhebetten und halten eine Schale mit einer eiförmigen Wölbung in der Mitte mit der einen Hand, während sie mit der anderen den Kopf stützen. Die Figur des „Laris Pulena" hält statt dieser sogenannten „Omphalos-Schale", die im allgemeinen als Opferschale betrachtet wird, eine Schriftrolle, auf der in etruskischer Schrift und Sprache sein „Lebenslauf" geschildert wird: Welche Ämter er bekleidete, welche Ereignisse zur Zeit seines Daseins stattfanden und nicht zuletzt, wer seine Vorfahren waren.

Mittlerweile verstehen die Gelehrten so viel von der etruskischen Sprache, dass sie solche Texte deuten können, wenn auch immer noch von einem wirklichen Verstehen nicht die Rede sein kann. Schließlich galt das Etruskische früher als völlig unverständlich und kaum zu übersetzen, nicht zu verwechseln mit der Schrift, die man relativ rasch entziffern konnte. Aber was nützt das, wenn man den Sinn des Gelesenen nicht verstehen kann!

Die Gesichter jener alten Etrusker sind sehr lebendig, wenn auch weit weg vom griechischen Schönheitsideal, deren Verfechter nie auf die Idee gekommen wären, einfach Porträts von Menschen mit ihren verschiedenen Charaktereigenschaften, guten wie schlechten, so realistisch, ohne jede Verherrlichung darzustellen. Auch die Frauen sind mit großem Sinn für Realismus dargestellt. Das junge Mädchen, gestorben an einer verzehrenden Krankheit, dem gleichsam die Kraft fehlt, sich aufzurichten, die ernsthafte Matrone, deren Leben aus Sorge um die Familie und Pflichterfüllung bestanden hatte, ihr im Tod noch energischer, stolzer Blick, immer versuchen sie, den staunenden Besuchern etwas von sich selbst mitzuteilen oder eine Frage zu stellen.

Ihre Frage an uns wäre vielleicht, welchen Göttern wir dienen, wie wir uns das Leben nach dem Tod vorstellen, und was für uns der Sinn des Lebens ist. In einem bin ich mir sicher: Unsere Sicht der Dinge, unsere Scheu vor dem Thema Tod würden sie nicht verstehen. Zumindest für die Etrusker in ihrer Blütezeit war das Jenseits eine Fortsetzung des Lebens, nur in einer anderen Welt.

Aus dieser Gesellschaftsschicht ging auch ein junger Mann hervor, der sich später Tarquinius Priscus nannte und König einer aufstrebenden Stadt am Tiber wurde, damals „Ruma" genannt, nach einer etruskischen Familie namens Rumach, die sich lange vorher schon dort niedergelassen hatte. Dieser Tarquinius Priscus war jedoch in seiner Heimatstadt Tarquinia nicht ganz so angesehen, wie er es gerne gehabt hätte. Sein Vater war nämlich ein eingewanderter Grieche, der eine Etruskerin geheiratet hatte, und die vornehmen Etrusker sahen ihn deshalb nicht als einen der ihren an und eher auf ihn herunter. Und so, der Sage nach, beschlossen er und seine junge Frau Tanaquil aus gutem etruskischen Hause, auszuwandern. Als sie sich bereits auf ihrem Pferdefuhrwerk der Stadt Ruma genähert hatten, flog jedoch ein Adler auf sie zu, kreiste über ihnen und stürzte dann hinab, um den Hut des jungen Mannes zu ergreifen und ihn davonzutragen. Kurz darauf aber flog er wieder zurück, kreiste nochmals über dem jungen Paar und setzte dem Mann, wohl zu seiner großen Überraschung, den Hut wieder auf. Tanaquil, die nicht nur eine kluge Frau, sondern auch in der Wissenschaft, die Omina zu lesen bewandert war, prophezeite ihm, dass er in Ruma zu höchsten Ehren gelangen würde. Und so nahm das Schicksal seinen Lauf, denn mit diesem König von Ruma, der sich Tarquinius priscus nannte, war gleichzeitig auch, auf lange Sicht gesehen, der Untergang Etruriens eingeleitet. Er sollte zwar der erste von drei etruskischen Königen sein, die über Rom herrschten, aber mit dem etruskischen Herrscher, auch Tarquinius superbus, der „Hochmütige" genannt, wurde ein Tyrann ohnegleichen König. Wohl wurde unter seiner Herrschaft der Jupitertempel gebaut, einer der größten Tempel der damaligen Zeit. Nicht verschwiegen werden sollte auch, dass vermutlich von ihm der Bau der sogenannten „cloaca maxima" veranlasst wurde, ein

Abwassersystem, das die Voraussetzung zu einer richtigen Stadt schuf und in weiten Teilen heute noch funktioniert. Dennoch wurde er, als seine Tyrannei immer unangenehmere Formen annahm, letzten Endes gestürzt. Danach gab es keine Könige mehr in Rom. Der Stadtstaat unter Herrschaft eines Königs nach etruskischem Muster wurde zur Republik, in der zunächst zwar die Etrusker das Sagen hatten, aber ihr Einfluss schwand mit den Jahren, denn in die junge aufstrebende Stadt kamen immer mehr Menschen aus anderen Volksstämmen, die mit der ursprünglichen Bevölkerung eher verwandt waren als mit den Etruskern und zunehmend an Einfluss und Macht gewannen.

Jedoch die meisten Touristen haben keine Zeit für solche Geschichten, lange Betrachtungen oder stumme Zwiesprache mit den Etruskern. Sie lassen sich deren Geschichte von ihren Reiseleitern vorlesen, eilen von Grab zu Grab, werden durch das Museum geschleust, haben eventuell noch 20 Minuten Pause, um einen „Cafè" oder Capuccino in der gegenüberliegenden Bar zu trinken. Dann aber nichts wie rein in den Bus und weiter geht es zur nächsten Attraktion. Zwei Stunden Zeit für Tarquinia, eine Stadt, deren Ursprünge mehr als 2.700 Jahre zurückliegen!

Direkt am Meer liegt mittlerweile Tarquinia Lido, eine typische Ferienstadt mit schattenspendenden Pinien, Bungalows und Gärten. Leider ragen auch Hochhäuser mit Ferienwohnungen ohne jegliche Grünanlagen öde in den Himmel. Entlang des schönen Sandstrandes stehen die zahlreichen Bars und Restaurants mit ihren Badekabinen, im Sommer lebhaft und bunt, in der Nachsaison und im Winter trostlose Buden.
Aber wo war einst der Hafen des alten Tarquinia? Wer Lust hat, kann am Meer entlang bis zu der Stelle gehen, wo vor einigen Jahrzehnten der alte Hafen des etruskischen „Tarchna" entdeckt wurde. Die Wellen plätschern um die Reste der Kaimauern. Der Rest der Ausgrabungen ist durch einen Zaun vor den „Gästen" geschützt, die somit unfreiwillig zu „Zaungästen" werden.

Wer zu der richtigen Stelle an der Kaimauer kommt, dort, wo er nicht gesehen wird und selber auch nichts sehen kann außer dem Meer, der erlebt vielleicht, dass mit einem Male drei Gestalten auf ihn zukommen. Beim Näherkommen sieht er zwei Männer mit rötlichbraunen Gesichtern, bekleidet mit einer Art von Lendenschurz und einer Felltasche über der Schulter in Begleitung einer Frau mit einem Gesicht, das weder alt noch jung ist. Von den drei ist sie die Anführerin. Sie will jedoch keine Fragen beantworten, sondern nur das sagen, wozu sie bereit ist. Was sie dem „Zaungast" mitzuteilen hat, kommt ganz auf ihn selber an. Vielleicht mahnt sie ihn zur Geduld, so wie es mir passiert ist ...

Das Tarquinia von heute, jene kleine mittelalterliche Stadt ist nicht das etruskische Tarquinia, wenn auch eine sehr imposante Stadtmauer aus dem Mittelalter das Städtchen umschließt. Corneto war zunächst sein Name, bis es in einer Aufwallung von Geschichtsbewusstsein zu Mussolinis Zeiten wieder in Tarquinia umgetauft wurde. Es ist durchaus einen oder mehrere Spaziergänge durch die alten Straßen und Gassen wert. Einige schöne alte Kirchen machen immer wieder klar, dass die Nachfahren der Etrusker im Mittelalter von einer tiefen Religiosität geprägt waren. – Ein Erbe aus vergangenen Zeiten? Wohl hieß die Gottheit nicht mehr Tinia oder Turan, auch nicht Juno oder Jupiter. Jetzt war es der Eine, Allmächtige, der Vater, der Sohn mit seiner Mutter Maria und der heilige Geist. Aus der Erdgöttin, der Muttergottheit, aus der alles entstand und die im mediterranen Raum in alter Zeit die alles beherrschende Gottheit gewesen war, wurde die Mutter Gottes. Sie genießt in Italien auch heute noch größte Verehrung und Zuwendung. Das bezeugen die vielen Marienstatuen und Prozessionen im ganzen Land.

Die Etrusker der Frühzeit verehrten ursprünglich nur **ein** göttliches unsichtbares Wesen, das jedoch seinen Ausdruck in verschiedenen Gestalten fand. Das waren die „verhüllten Götter", die namenlosen, die man nicht nennen durfte.

Durch den griechischen Einfluss entstand später das etruskische Pantheon, der Götterhimmel mit zahlreichen Gottheiten, zum Teil adaptierten griechischen, aber auch althergebrachten etruskischen Göttern. Der Gott Vertumnus beispielsweise, oder Voltumna, ein Fruchtbarkeitsgott, der seine Gestalt wandeln konnte und weder eindeutig männlich noch weiblich war, ihn kann man getrost als typisch etruskisch bezeichnen. Bei seinem Heiligtum, dem sogenannten Fanum Voltumne in der Nähe des Bolsenasees wurde ihm zu Ehren alljährlich ein großes mehrtägiges Fest veranstaltet, zu dem alle etruskischen Stämme kamen. Dort fand auch die Versammlung der etruskischen Lukumonen und Könige statt, wo über wichtige Fragen beraten wurde. Mit der Einigung scheint es allerdings meistens nicht sehr weit hergewesen zu sein, sonst wäre wohl auch ein gemeinsames Vorgehen gegen die Römer, die im Lauf der Jahrhunderte die etruskischen Städte immer wieder angriffen und eine nach der anderen eroberten, möglich gewesen. Dieses „sich nicht einigen können" zieht sich wie ein roter Faden durch die Geschichte der Etrusker und hat, wie so oft auch in der Geschichte anderer Völker, beispielsweise der Kelten, schließlich zu ihrem Untergang geführt. Doch das ist eine sehr lange Geschichte, auf die ich hier nicht im Einzelnen eingehen will.

Das etruskische „Tarchna" lag einige Kilometer landeinwärts, auf einem jetzt teilweise mit Macchia bedeckten Hügel. Vom höchsten Punkt der heutigen Stadt jedoch liegt vor dem, der verweilen kann, eine der bezauberndsten und verträumtesten Landschaften Mittelitaliens: Sanft gewellte Hügel, soweit das Auge reicht, im Sommer bis an den Horizont wogende Weizenfelder.
In der Ferne schimmert blau bis violett die Silhouette der Tolfaberge. Das Licht über diesem weiten Land ist fast weiß, gleißend und die Stille erzählt von alten Zeiten.
Nur die wenigsten der Fremden kennen die Ausgrabungen dort, wissen von dem riesengroßen Tempel, dessen Fundament freigelegt wurde. Den Giebel zierten zwei wunderschöne Flügelpferde aus Terrakotta. Jetzt sind sie an exponierter Stelle im Museum von Tarquinia zu sehen, so lebensecht, dass wir bei ihrem Anblick fast glauben, ihr Schnauben und Wiehern zu hören.

In manchen Momenten kann ich vergessen, dass nur der riesige Sockel ausgegraben wurde, wenn auf einmal vor meinem geistigen Auge der Rest des Tempels aus den Trümmern emporwächst. Breite Stufen führten zu der dreigeteilten Cella. Über eine Rampe konnten die Opfernden die Tiere zum Vorraum des Tempels mit seinen glatten Säulen führen, deren Beschaffenheit an die minoischen Säulen aus einer viel früheren Zeit erinnern.

Hier, vor diesem Tempel wurden im vierten Jahrhundert v. Chr.über 307 römische Kriegsgefangene geopfert – sprich hingerichtet, wie wir heute sagen würden. Eine weißes Schild in italienischer und englischer Sprache weist darauf hin. Die Römer revanchierten sich natürlich, als Tarquinia später besiegt wurde, mit der Hinrichtung von ebenso vielen Etruskern ...

Einst pflügte ein Bauer in der Nähe der großen alten Stadt Tarchna seinen Acker, als vor ihm aus einer Furche ein Knabe auftauchte mit dem Gesicht eines Kindes, aber„mit der Weisheit des Alters" und ihm und dem herbeigeeilten Volk seine Lehren verkündete. Die ganze etruskische Wissenschaft soll der Knabe sie gelehrt haben. Wie man Städte gründet, die Felder bebaut, das Land be- und entwässert, die Blitze deutet, ebenso den Flug der Vögel und die Kunst, aus der Leber eines geopferten Tieres (meistens eines Lammes) die Zukunft zu deuten. Dies und vieles mehr sang ihnen der Knabe namens Tages vor, am Ende sank er in die Ackerfurche zurück und starb. Soweit die Sage.

Aber jede Sage hat ihren wahren Kern. Tatsächlich fanden Archäologen vor einigen Jahren unter einem anderen, kleineren und älteren Tempel in einem bis auf das neunte Jahrhundert zurückgehenden Stadtbezirk ein Grab mit dem Skelett eines Kindes. Untersuchungen ergaben, dass dieses Kind ein Albino war und unter epileptischen Anfällen litt. Menschen mit Epilepsie galten in der Antike als mit göttlichen Gaben ausgestattet und genossen auch göttliche Verehrung. Sind wir hier auf den Ursprung der Sage des Götterboten Tages gestoßen? Es leuchtet ein, dass die mystisch denkenden Etrusker in diesem Knaben einen Götterboten sahen.

Aber vielleicht will die Geschichte von Tages nur die etruskische Verbundenheit mit der Erde deutlich machen? Das Kind, das aus der Erde kommt, von der Erdgöttin stammend, die es wieder zu sich holt, wenn es sein Werk getan hat? Sehr wahrscheinlich sind in diesem Fall Tatsachen und religiöse Anschauungen ineinandergeflossen.

Auf der Hochfläche der ehemaligen Stadt, auch la Città genannt, ragen an anderer Stelle die Reste der alten Stadtmauer empor, fast selbst schon wieder der Natur zurückgegeben, in der Farbe der im Sommer hellgelben Erde. Zwischendurch stecken überall, wo man geht und steht, Scherben im Boden, Scherben von Gefäßen, die manchmal 2500 Jahre oder älter sind. Nicht selten sind sie noch gut als das erkennbar, was sie einmal waren. Einmal findet man den Henkel einer Tasse, den Boden eines Kruges, seltener erkennt man die Reste von Malerei. Mit viel Glück - aber da braucht man schon sehr viel davon und auch gute Ortskenntnisse, findet man Münzen, meistens römische, aber manchmal auch etruskische. Nach dem Regen, wenn sich die Erde rot färbt und vom Wasser an abschüssigen Stellen weggewaschen wird, tauchen sie empor, die Artefakte aus längst vergangenen Tagen. Immer wieder werden Scherben von Gefäßen, oder gar alte Gemmen, goldener oder bronzener Schmuck an die Oberfläche gespült. Nie sind hier so viele Menschen unterwegs wie nach einen kräftigen Gewitter. Aber wenn ein Fremder sie fragen würde, was sie suchen, würden sie ihm freudestrahlend eine dicke Schnecke unter die Nase halten und „lumache" antworten. Manche suchen ja auch wirklich Schnecken, die hier als willkommene Abwechslung des Speiseplans gelten.
Auch wir finden nach einem heftigen Gewitterregen Tonscherben in Hülle und Fülle. Einige davon heben wir auf, und werden prompt von zwei jungen Männern gefragt, was wir denn hier suchen. Als wir ihnen unsere zugegebenermaßen kümmerliche Ausbeute zeigen, lachen sie. „Pah, das ist doch gar nichts! Hier unten, in den Büschen, zwischen den Agaven und Disteln, da gibt es Reste von Tempelplatten. Und manchmal auch Münzen!"
Unterhalb der Stadtmauer liegen noch Gräber, die nicht für die Touristen bestimmt sind, überwuchert von Macchia, oft nur Löcher

im Boden, wo sich der Ortsunkundige die Beine brechen kann, wenn er versehentlich hineingerät. Hier ist was für Abenteurer – oder Tombaroli, wie die gefürchteten und von den Archäologen gehassten Grabräuber in Italien genannt werden. Aber hier ist auch Schlangenland. Wie schützt man sich gegen sie? Den Stängel einer verblühten Aloe abhauen, einen Stock daraus machen und immer wieder auf den Boden schlagen! Das vertreibt die Schlangen. Die Einheimischen machen es alle so - mit Erfolg, denn von Schlangenbissen hört man trotz der hohen Anzahl von „serpente" und „vipera" wenig.

Als wir wenig später mit unserem Auto wieder Richtung Feriendomizil fahren, überholt uns plötzlich ein kleiner grauer Fiat. Eine Hand streckt sich uns entgegen. Einer der beiden jungen Burschen, die wir auf dem Hügel der Città getroffen haben, steckt uns lachend ein Stück Dachplatte vom Tempel mit den Resten einer Skulptur zu – ein so genanntes Antefix. Noch bevor wir uns richtig bedanken können, sind sie bereits wieder weg.

Aber nicht nur die Touristenführer oder die Tombaroli haben die Etrusker als einträgliches Geschäft entdeckt. Hier ist ein Kunstgewerbe entstanden, das teilweise auf hohem Niveau die Originale der dort gefundenen Bronzefigürchen kopiert, aber vor allem Keramikgefäße reproduziert und diese Replika bis nach Amerika oder Japan verkauft. Ganze Familien leben davon. Die zahllosen Töpfchen, Teller, Krüge, Büsten usw. aus Keramik, kunstvoll bemalt, möchte ich nicht einfach als Touristenkitsch abtun, ebenso wenig wie die nachgeahmten Bronzefigürchen und -figuren aller Preisklassen.

Außer dem Kunstgewerbe blüht in Tarquinia mittlerweile auch die Gastronomie. Es haben sich etliche Restaurants etabliert, die mit Sprüchen wie „Zu Gast bei den Etruskern" werben und überwiegend gutes Essen für gutes Geld in schönem Ambiente anbieten. Wir haben dort fürstlich zu Mittag gegessen. An diesem Tag fiel das Abendessen aus. Nachdem wir nach dem Essen dem Wirt erzählt hatten, wie gerne wir hier in Etrurien sind und wie sehr uns die

Etrusker beeindrucken, hat er uns umarmt und auf beide Wangen geküsst. Wer erlebt so was jemals bei deutschen Gastwirten! Und bei denen lässt man eher noch mehr Geld liegen ...

Wir hatten in diesem Augenblick wirklich das Gefühl „zu Gast bei den Etruskern" zu sein, denn „diese pflegten zweimal am Tage üppig zu speisen" (Zitat eines alten Römers), aber zwei solcher Mahlzeiten am Tag könnten wir nicht bewältigen. Dafür haben wir jedoch in hervorragender Stimmung die im besten Sinne des Wortes gastliche Stätte verlassen.

Diese sogenannten Bankette haben sicherlich in erster Linie zum zweifelhaften Ruf des „fettleibigen" Etruskers beigetragen, der vor allem von den römischen Schriftstellern in der Spätzeit des etruskischen Volkes angeprangert wurde. In der Tat sind auf den Sarkophagen des zweiten und dritten Jahrhunderts einige der Honoratioren der etruskischen Gesellschaft mit stattlichen Bäuchen abgebildet. Aber man sollte solche Erscheinungen bei einer besiegten und zur Lokalpolitik verurteilten, sich langweilenden Oberschicht nicht überbewerten.

Am Stadtrand des mittelalterlichen Tarquinia befand sich über einige Jahre hindurch ein kleines Geschäft mit Werkstätte, dessen Inhaber Figuren aus Terrakotta anfertigte, die er etruskischen Werken nachempfand. Er erzählte uns, dass er schon in mindestens zweitausend Gräbern war und die Etrusker recht gut zu kennen glaubt. Auf jeden Fall mehr als wir Touristen sie je kennen werden, schwang in seinen Worten etwas geringschätzig mit.

Dieser Künstler war lange Jahre seines Lebens nichts anderes als einer der gefürchteten Tombaroli. Damit stand er am Anfang einer längeren Kette von mehr oder weniger fleißigen Grabräubern, die im Tarquinia der sechziger Jahre ihre Geschäfte machten. Es waren Söhne kleiner Landwirte, deren Grund und Boden zum Leben zu wenig und zum Sterben zu viel abwarf, mit schlechter Schulbildung und wenig Aussichten, jemals im Leben etwas anderes zu werden als Tagelöhner, Hilfskraft im Supermarkt oder, Höhepunkt einer Karriere, Barkeeper.

Aber da waren doch diese Fremden, die sich noch im Wegrennen nach etruskischen Scherben bückten und viel Geld für gut erhaltene Vasen, Bronzen, Münzen oder gar Schmuck zahlten! Es war leicht für die Kunsthändler, beispielsweise solchen aus der Schweiz und ihren Mittelsmännern in Italien, solche „Ragazzi" zum Ausplündern von Gräbern zu überreden.

Sie, die inmitten von Nekropolen aufgewachsen waren, hatten die besten Ortskenntnisse, waren zäh und schlau genug, sich nicht erwischen zu lassen, aber nicht in der Lage, die Geschäfte selbst abzuwickeln – zumindest nicht am Anfang ihrer Laufbahn. So plünderten sie unzählige Gräber für die gewissenlosen „Kunsthändler", die etruskisches Kulturgut massenweise durch die Schweiz ins Ausland schmuggelten. Im Lauf der Zeit gelang es ihnen jedoch, selbst Kontakte mit Ausländern zu knüpfen. Sie konnten vor allem ihre Ware wesentlich billiger anbieten, als der „Kunsthandel" dazu in der Lage war.

Keineswegs lassen die etruskischen Funde jeden Tombarolo kalt. Wer diese Leute näher kennt, merkt bald, dass bei vielen ihr Suchen und Graben nach den Schätzen ihrer Vorfahren längst zur Passion geworden ist und manche eine erstaunliche Sensibilität entwickeln, die allerdings nicht so weit geht, dass sie ihr Tun als unmoralisch empfinden würden. Doch wenn es, was zuweilen vorkommt, den Archäologen gelingt, sie zu einer Zusammenarbeit zu bewegen, und damit ihr illegales Handeln in ein legales zu verwandeln, so ist die Beziehung zwischen den an sich verfeindeten Parteien durchaus fruchtbar.

So war es auch bei Omero, dem „letzten Etrusker", wie er sich auch heute noch nennt. Er hat jedoch den Sprung vom Tombarolo zu einem angesehenen ideenreichen Künstler geschafft. Die Etrusker wurden sein Leben, seine Passion. Zunächst schuf er Skulpturen, die in ihrer bizarren, phantasievollen Ausfertigung selbst die der Etrusker in den Schatten gestellt hätten. Da blickt uns ein seltsam vertrauter Löwe entgegen – bis wir merken, dass er ein menschliches Gesicht trägt, wobei aber gleichzeitig hinter den Ohren zwei kurze gebogene Hörner zum Vorschein kommen. Auf einer dicken Kröte reitet ein junger Mann, während es sich ein anderer sich in einem Schneckenhaus gemütlich macht ...

Solche, aber auch pornographische Figuren, wie Zecher mit überlangen Penissen verhalfen ihn zu einem so großen Erfolg, dass er beschloss, diesen Weg weiter zu beschreiten. Ein 2.400 Jahre alter etruskischer Steinbruch am Stadtrand des heutigen Tarquinia war der Ausgangspunkt für eine großartige Schöpfung – für sein „Etrukopolis", eine unterirdische etruskische Miniaturwelt, vielleicht am ehesten vergleichbar mit Minimundus, der kleinen Welt am Wörthersee. Auf einer Fläche von 15.000 Quadratmetern entstand im Untergrund eine etruskische Miniaturstadt, mit Wohnhäusern, Tempeln und einer Arena.

In einer Hütte aus protoetruskischer Zeit hat eine Frau mit langen schwarzen Zöpfen gerade das Essen zubereitet, während ihr Mann am Brunnen Wasser holt. In einer Werkstätte sitzt eine Familie in Lebensgröße beim Töpfern. Die Häuser haben die typischen Außentreppen und Arkaden – nur die Bemalung der Fassaden dürfte noch bunter gewesen sein ...

Gegenüber der Stadt der Lebenden befindet sich, wie auch in der etruskischen „Realität" die Gräberstadt der Toten mit ihren Grabmalereien, die für Tarquinia so einmalig sind. Wir erkennen das „Grab der Auguren" mit den beiden sich auf etruskische Weise voneinander verabschiedenden Männern, das „Grab der Jagd und des Fischfangs", das „Grab der Löwinnen", benannt nach der heraldischen Darstellung von zwei Löwen auf der Giebelseite, die Tänzer und Tänzerinnen vieler anderer Gräber – eine perfekte, wenn auch frei nach Phantasie zusammengesetzte Nachahmung der Originalgräber. Eine großartige Leistung hat der von uns ob seiner pornographischen Skulpturen in früheren Jahren so geschmähte Omero geschaffen. Dafür gebührt ihm Dank und Anerkennung.

Nichtsdestotrotz ist Etrurien Bauernland, auch wenn die Etrusker als erste die Stadtkultur in Italien etablierten. Aber in diesen Stadtstaaten war ein großer Teil dem Ackerbau und der Viehzucht vorbehalten. Das merken wir schon nach den ersten 20 Kilometern, die wir landeinwärts fahren. Dann ist das Meer aus den Köpfen der Bewohner verschwunden. Das Land mit seiner gelben und roten Erde beherrscht die Menschen wie schon in alten Zeiten, wo die meisten Etrusker auf ihrer Scholle lebten, und diese Erde gegen die Römer und andere Eindringlinge verteidigten. Nur ein geringer Teil von ihnen fuhr zur See. Lange Zeit bezweifelten manche Archäologen und Geschichtsforscher, dass die Etrusker überhaupt eine Seemacht waren. Dabei wurden die Erzählungen der alten Griechen, die eindeutig von den Tyrrhenern als einem Seefahrervolk berichteten, das damals die Gewässer im Mittelmeer unsicher gemacht und viele das Fürchten gelehrt hatte, ignoriert oder zumindest in Frage gestellt.

Die Wahrheit liegt, wie fast immer, in der Mitte. Es kommt ja auch niemand auf die Idee, die Deutschen als ein Volk von Seefahrern zu bezeichnen, obwohl die Menschen an der Nordseeküste schon seit langem Schiffe bauen und ein Teil der Bevölkerung dort zur See fährt. Aber zu sagen, die Deutschen hätten mit Schifffahrt nichts zu tun, ist ebenso falsch.

Hinter den Hügeln der „Cività" liegt ein fast menschenleeres Land, von dessen Existenz kaum jemand weiß, und doch war es in der Antike eines der am dichtesten bevölkerten Gebiete Mittelitaliens, das Kernland der Etrusker.

Worte des Rasenna:

Immer, wenn ich an das neue Tarchna dachte, hatte ich bisher wenig Grund zur Freude. Nachdem die Menschen aus dem alten Tarchna weggezogen waren und auf dem anderen Hügel ihre neue Stadt bauten – mit wuchtigen Mauern und vielen Tempeln für die neue Religion, zogen die alten Familien, die noch unseren Blutes gewesen waren, weg und siedelten in weiter entfernten Gebieten, weitab vom Meer, teilweise sogar in den abgelegenen Tälern des Gebirges, das ihr „Etruskischer Apennin" nennt.
Dort waren sie jedoch ungestört, denn auch die großen Ströme von wandernden Völkern und Heere der darauf folgenden Saeculi beachteten diese Dörfer wenig. Aber das neue Tarchna, das sich mittlerweile Corneto nannte, hatte mit uns nichts mehr zu tun. Nach zwei oder drei Generationen hatte auch die letzte Familie der Rasenna die Stadt verlassen ...
Vorbei die Zeiten, wo Tarchna das Zentrum der Kunst und Kultur gewesen war. Den Menschen dort bereitete die harte und schwere Erde viel Mühe und Plage. Im Winter wurde sie durch den kalten und sturzbachartigen Regen zu zähem Schlamm, in den alles versank – Wagen, Tiere und Menschen. Im Sommer, wenn die Sonne monatelang alles verbrannte, wurde sie hart, rissig und brachte schlechten Ertrag. Die Kenntnisse der Rasenna, wie man mit dieser Erde umgeht, waren nur in wenigen Bruchstücken weitergegeben worden. In dieser Mühsal wächst kein Schöpfergeist, wie jener der Rasenna. Und es waren ja auch keine Rasenna, die hier lebten. Es waren Menschen aus der früheren Magna Graecia, auch solche von den kleinen Inseln im Meer, die aber wenig mit den früheren Hellenen gemein hatten. Zu sehr hatten die vielen Eroberer das Blut der Griechen verwässert und die guten Eigenschaften verdrängt..

Dann, im Laufe der Zeiten kamen einige Nachfahren der früheren Bewohner wieder zurück, aber sie wussten nicht, wer ihre Vorfahren gewesen waren, und ihre Schöpferkraft ruhte ganz tief verborgen in ihnen. Omero gehörte zu jenen Menschen, und er ist einer der wenigen, die durch ihr, wenn auch zu Anfang unrechtes Tun, die Verbindung zu uns wieder aufnahmen.

Er hat mit der Erschaffung des alten, noch dazu unterirdischen Tarchna eine der wichtigsten magischen Handlungen der letzten Saeculi vollzogen und uns in heiliger Erde ein Tor in seine Welt geöffnet. Und Jeder, der dieses unterirdische Reich besucht, nimmt einen Teil des alten Etrurien mit sich in die heutige Welt.

Teilansicht von Tarquinia mit dem größten der ehemaligen Geschlechtertürme

Reste des größten etruskischen Tempels, "Ara della Regina" genannt

Blick vom höchsten Punkt des mittelalterlichen Tarquinia auf den Hügel mit
den Resten des etruskischen Tarchna

Die Altstadt von Tarquinia

Etruskisches Gold - Der Fantasie sind keine Grenzen gesetzt

Der Geist Etruriens

Im Nebel der Zeit versunken - Vorstellung einer etruskischen Stadt

Szene aus dem Alltagsleben einer etruskischen Familie

Etruscopolis - Ein Lukumone auf seinem Thron

Aus der Frühzeit der Etrusker - nachempfunden von Omero Bordo

Cerveteri – Flötenspiel aus dem Jenseits

Die Nekropole von Cerveteri , „La Banditaccia" genannt, ist ein Muss für jeden Etrurienreisenden. Wir haben sehr früh, schon bei einer unserer ersten Etrurienreisen von ihr gehört.

Wovon wir zu diesem Zeitpunkt nichts wussten, ist die lange wechselvolle Geschichte dieses Städtchens, das so wie die meisten anderen im südlichen Etrurien, auf einem Tuffplateau liegt, wo die Reste einer mittelalterlichen Mauer aufragen und sich durch das alte Stadttor früher der ganze Verkehr der Fahrzeuge, sprich Karren mit Mauleseln oder auch Pferden, Reitern und Fußvolk bewegte.

Cerveteri ist erst in den letzten Jahrzehnten etwas aufgeblüht. Die Nähe Roms hat parallel zur Ausdehnung der italienischen Hauptstadt die Entfernung noch mehr schmelzen lassen. Viele Römer und auch Ausländer haben hier Häuser gekauft, sei es als Hauptwohnsitz oder auch als Wochenend-Domizil.

Das Städtchen profitiert aber vor allem von seiner Nekropole. Auf den nahegelegenen Hügeln liegen zwar noch weitere Totenstädte, unter anderem auf dem Monte Sorbo, wo im 19.Jahrhundert das Grab mit der bisher am meisten Aufsehen erregenden Ausstattung gefunden wurde, das berühmte sogenannte „Regolinii-Galassi"-Grab (benannt nach ihren beiden Entdeckern), mit Goldschätzen und anderen Gegenständen aus einer Epoche, wo der Einfluss des Orients auf die etruskische Kultur so stark war, dass man nach Entdeckung der Gräber aus dieser Zeit von der „Orientalizzante" zu sprechen begann.

In der Antike hieß hieß die Stadt, aus der solche Kostbarkeiten hervorgingen, Caere, auf etruskisch „Cisra". Sie war unter den etruskischen Stadtstaaten neben Tarquinia wohl die reichste mit den besten Verbindungen in die ganze damalige Welt. Ihr Gebiet umfasste den Osten bis zum Tiber, im Norden grenzte es an die Sabiner Berge, an den See von Bracciano, an die Tolfaberge und ebenso an die etruskischen Stadtstaaten von Veij und Tarquinia.

Im Westen, etwa 6 Kilometer von der Stadt entfernt, liegt das Meer, vom Stadthügel aus konnte man die Schiffe der Piraten ausmachen, die das Land immer wieder heimsuchten, und in den drei Häfen, die zu Caere gehörten, kamen die Waren aus aller Welt an. Die reichen etruskischen Fürsten konnten es sich leisten, die kostbarsten Dinge aus dem Orient zu erwerben. Nach Caere wanderten auch in größerer Zahl griechische Handwerker ein, die speziell die dortige Kultur stark beeinflussten. Caere war reich, mächtig und seine Bewohner so gebildet, dass lange Zeit die Römer ihre Kinder in diese etruskische Stadt schickten, um ihnen Kultur, Bildung und Lebensart beibringen zu lassen.

Heute ist Cerveteri vor allem wegen seiner Nekropole „Banditaccia" bekannt, die auf dem gleichnamigen Hügel liegt, und wie gesagt, ein Muss für alle Etrurienreisende ist. Sie ist die Vorzeigenekropole schlechthin.

Es ist ein heißer Sommertag, als wir dort das erste Mal ankommen. Ich möchte eigentlich lieber am Meer liegen und mich ab und zu im Wasser erfrischen, aber mein Gefährte ist der Meinung, dass die Gräber hier wichtiger und interessanter sind. Und so fahren wir den Wegweisern nach über eine kleine, schlecht geteerte Straße, durch eine Allee von Pinien und Zypressen, vorbei an Feldern mit mir nicht bekannten Pflanzen, in einer sonnendurchglühten Landschaft zur Nekropole. Wir stellen unseren Wagen auf dem Parkplatz am Eingang zur Totenstadt ab, bezahlen unsere Biglietti und treten ein. Doch welch ein Anblick bietet sich uns! So weit das Auge reicht, reihen sich kleine mit Gras und Gebüsch bewachsene Hügel aneinander! Aber was heißt hier Hügel! Sie sind höchstens drei bis vier Meter hoch, kreisrund, fast wie mit dem Zirkel gezogen. Ihre Fundamente sind gemauert, mit großen, unregelmäßigen Steinen, die teilweise in der Erde versunken sind. Wir sind ganz allein, denn wieder ist es Mittag, wo man im Süden Siesta macht, die Fensterläden zuklappt und nur die Touristen so verrückt sind, unterwegs zu sein.

„Vielleicht war die Mittagszeit bei den alten Völkern deshalb Geisterstunde, weil man in der größten Hitze leicht einen Sonnenstich bekommt und dann Dinge sieht, die eigentlich nicht da sind", solche Gedanken gehen mir durch den Kopf, während wir den Weg zwischen den Gräbern gehen.

Nicht weit vom Eingang entfernt ist eine große Tafel aufgestellt, die das genaue Straßennetz der Nekropole aufzeigt. Sogar richtige Straßennamen helfen uns hier bei der Orientierung, um die interessantesten Gräber zu finden. Allerdings - die Straßen selber sind gut und gerne 2500 Jahre alt. Sie wurden von den Etruskern angelegt, die den Hinterbliebenen den Weg weisen wollten zu ihren Toten. Hier sind Jahrhunderte lang die Totenwagen mit ihren Eisenrädern entlanggefahren. Tiefe Karrenspuren haben sich in den Tuffstein eingegraben.

Peter betritt ohne lange nachzusehen ein x-beliebiges Grab – ein Klatschen – ein ärgerlicher Ausruf: Er hat eines erwischt, in dem grünes, sprich mit Algen durchsetztes Wasser steht. Seine helle Jeans ist jetzt an einem Bein grün. Warum ist er auch immer so neugierig!

Mir ist, obwohl dieser kleine Zwischenfall etwas Heiterkeit ausgelöst hat, seltsam beklommen zumute, so als ob wir die Ruhe der Toten stören würden. Fast ist es so, als ob wir in einem kleinen südlichen Dorf durch Gassen gehen, wo überall im Vestibül die Leute sitzen und uns zunicken, obwohl wir eigentlich mit unserer Neugierde in ihre Privatsphäre eindringen. Nur widerstrebend betrete ich eines der Gräber, nachdem wir uns vergewissert haben, dass es trocken ist.

Die jetzigen Bewohner sind Spinnen, kleine Skorpione und schwarze Käfer, die uns entgegenkrabbeln. Auch nicht angenehm für mich, die ich die Abneigung der Nordeuropäer gegen sogenanntes Ungeziefer teile. Bei näherem Hinschauen bemerken wir, dass der Raum, den wir durch eine Art Vorraum betreten, das Innere eines Hauses nachahmt. Deshalb sind in die Decken auch so bearbeitet, dass sie Balken vortäuschen, die typische toskanische Balkendecke, die man auch heute noch in den Bauernhäusern vorfindet.

An der Wand entlang sind in den weichen Tuffstein die steinernen Totenbetten gehauen, auf welche die Toten – ganz bestimmt zur Oberschicht von Caere gehörend, gelegt wurden; die Männer vielfach in ihrer Rüstung, die Frauen gehüllt in prächtige Gewänder, je nach ihrem Rang mit einem goldenen oder bronzenen Brustschild, dem Pektorale, wie sie in dem bekannten Regolini-Galassi-Grab in der benachbarten Nekropole bereits im 19.Jahrhundert gefunden wurden.

Unzählige Grabbeigaben wurden ihnen mitgegeben. Für die Männer waren es Waffen, Trinkgefäße und bronzene Gegenstände verschiedenster Art, wie dreifüßige Kohlebecken, Bronzeleuchter und andere Gegenstände des täglichen Lebens, für Frauen bronzene Kannen, Schöpflöffel, Kochtöpfe, Siebe – alles, was eine Frau schon immer gebraucht hat, um einen ordentlichen Haushalt zu führen. Auffallend und eine etruskische Besonderheit sind die schwarz glänzenden Gefäße, auch Buccheroware genannt, die als Kannen und Töpfchen aller Art ab dem 7. Jahrhundert v.Chr. auftauchen. Im Anfang waren sie dünnwandig und sehr fein ziseliert, später wurden sie grober und dicker, dafür üppiger, ja geradezu barock in ihren Verzierungen. Im allgemeinen sind die Archäologen der Meinung, dass dieses Geschirr aus schwarzer Keramik das teuere bronzene ersetzen sollte. Viele glauben, dass dieses sogenannte „Bucchero-Geschirr" nur als Grabbeigabe diente.

Außerdem fanden sich Schminktöpfe, Töpfchen für kostbare Essenzen und Schmuck, viel Schmuck, schöne phantasievolle Ohrringe, oft in der Form von Körbchen, Trauben oder Figuren, aufwendig gearbeitete Armbänder, Halsketten. Vieles war verziert mit winzig kleinen, dicht aneinander gereihten aus Goldkügelchen gestalteten Tier- oder Pflanzenmotiven, der sogenannten Granulationstechnik.

Die Etrusker hatten eine besondere Meisterschaft für diese Technik entwickelt, wie sie von keinem anderen Volk der Antike erreicht wurde. Dabei geht die Kunst der Granulation sehr weit zurück bis in der zweite Jahrtausend vor unserer Zeitrechnung. Man entdeckte sie in Troja ebenso wie in Ugarit oder Urartu und später bei den Griechen, aber in dieser Vollkommenheit und Präzision war sie nur bei den Etruskern zu finden.

Den Forschern des 19.Jahrhunderts muss sich bei all diesem Reichtum oft genug beim Öffnen der Gräber ein ebenso gespenstischer wie atemberaubender Anblick geboten haben. Die Geschichte der Ausgräber, die auf einem steinernen Totenbett einem jungen etruskischen Krieger in voller prächtiger schimmernder Rüstung ins Antlitz blickten, der im nächsten Moment vor ihren Augen zu Staub zerfiel, erweckt in uns einen tiefen Schauder, als wir von Grab zu Grab gehen, immer wieder in eines hinuntersteigen und schließlich vor dem Grab der Reliefe stehen. Hier wurden sämtliche Gegenstände, die sich in einem etruskischen Hause befanden, als Stuckreliefs dargestellt. Da hängen Waffen an den Wänden, Werkzeuge, Küchengeräte, ein Spielbrett, ein aufgerolltes Seil, sogar die Haustiere sind nachgebildet. Unter einem der Totenbetten stehen die in Stein verewigten Pantöffelchen der Dame, die dort ihre letzte Ruhestätte fand. Bei diesem Grab weiß man auch, wie die Familie hieß, die sich dieses Haus für die Ewigkeit bauen ließ. Es war die Familie Matuna. Jetzt auf einmal haben Personen, die vor so langer Zeit gelebt haben, einen ganz realen Namen, und das bringt uns ihre Geschichte viel näher, als wenn man nur immer von „den Etruskern" spricht. Es ist, als ob aus den schemenhaften Gestalten Menschen werden, heraustreten und zu uns sprechen.

Jedes Mal, wenn wir aus einem dieser Gräber herauskommen, brennt die Sonne wieder gnadenlos auf uns herab. Ist es unsere Erschöpfung, die uns glauben lässt, das Spielen einer Flöte zu hören, einen leisen, klagenden Gesang, der auf- und abschwellend an unser Ohr dringt? Mein Fuß stockt; ich will nicht weitergehen. Mein Gefährte möchte jedoch diesem Gesang folgen und redet auf mich ein mitzukommen. Er ist der Meinung, dass jene andere alte Welt uns ruft. Aber je mehr er mich bedrängt, desto weniger bin ich bereit, auch nur einen Schritt weiter zu gehen.

Den Bann bricht ein junger Mann, der an einem Baum lehnt und uns freundlich in italienischer Sprache begrüßt. Ich zucke einen Moment zusammen, als ob ich ein zu Fleisch gewordenes Gespenst vor mir sähe. Aber er zeigt sich als kontaktfreudiger Mensch unserer Zeit, der zum Glück auch Englisch spricht, eine Sprache, die uns geläufiger ist als italienisch. Er ist ein junger Student, der Archäologie als Hauptfach an der Universität in Rom belegt hat und sich hauptsächlich auf die Etrusker spezialisieren will.
Wie viel wir über die Etrusker wissen, fragt er uns. Wir antworten, dass wir uns erst kürzlich einige Bücher über dieses Thema gekauft hätten,

unter anderem einen sehr guten Dumont-Reiseführer, aber dass wir uns eigentlich hauptsächlich von der eigentümlichen Atmosphäre mancher etruskischer Plätze angezogen fühlen. Daraufhin erzählt er uns einige Geschichten.

Ganz in der Nähe, so seine Erzählung, lebt ein reicher, aus der Gegend um Viterbo stammender Mann, ein Einzelgänger, der so sehr eins ist mit der Welt der Etrusker, dass er daheim alles in etruskischem Stil eingerichtet hat (oder zumindest so, wie er sich etruskischen Stil vorstellt), aus Bechern trinkt und aus Schalen isst, die vollendete Replika jener in den Museen ausgestellten Gefäße sind. Selbstverständlich, dass er sich, zumindest zuhause, auch wie ein Etrusker kleidet. Ein Sonderling, meint er, der es sich leisten kann, so zu leben, weil er genügend Geld dafür hat.

Aber noch merkwürdiger ist die Geschichte eines jungen Mannes, der diese Nekropole oft besucht und bei bestimmten Gräbern in Trance fällt, wobei er dann in einer Sprache redet, die niemand kennt. Etruskisch?

Wir steuern mit ihm zusammen dem Ausgang zu. Auf der Tomba Campanna, dem ältesten Grabhügel, der sich an einer etwas schattigen Stelle befindet, liegt ein Hund. Ganz entspannt und zufrieden döst er vor sich hin. Er hat eine verblüffende Ähnlichkeit mit den Hunden, die man von den Abbildungen aus etruskischen Gräbern kennt. Wir trinken gemeinsam noch einen Espresso und verabschieden uns dann von unserem liebenswerten Begleiter.

Erst als er schon weg ist, fällt uns auf, dass er mit seinen schwarzen Locken und mandelförmigen Augen den Abbildungen der Etrusker erstaunlich glich!

Der Rasenna, ergriffen von dem Geschehenen:

Ach Ihr beiden! Wenn Ihr wüsstet, wie sehr Ihr mein Herz bewegt mit dem, was Ihr fähig seid zu fühlen und zu erleben ! Ich freue mich schon so sehr darauf, mich wenigstens einem von Euch zu erkennen zu geben!

Da reden die Gelehrten Eurer Zeit von unseren Gräbern und dass wir unsere Gräber für Zeit und Ewigkeit gebaut haben, weil wir glaubten, dass wir als Tote dort weiterleben und deshalb alles brauchen, was wir in der jenseitigen Welt hatten! Wie immer begreift Ihr nur einen Teil! Ja, wir haben die Gräber so geschaffen, dass sie die Behausungen der Lebenden überdauern. Jedoch wir wollten damit ein Abbild für die andere Welt schaffen, das sich im Jenseits formen kann.

Durch die von Euch so genannte Scheintüre kann der Teil des Menschen, der unvergänglich ist, in die andere Welt gelangen, denn diese Tür, die Euch so sinnlos erscheint, weil sie von Menschenhand nicht geöffnet werden kann, überwinden wir Wesen ohne Körper leicht, indem wir einfach durchgehen, ohne großen Widerstand zu spüren.

Das, woran man glaubt, widerfährt einem nach dem Tod. Wenn einige von uns wirklich glaubten, dass sie nach ihrem Tod in ihrem Grab weiterleben, so ist ihnen dies auch geschehen. Aber das ist eine Falle, denn sie sind in ihrem Totenhaus gefangen auf unabsehbare Zeit, bis eines Tages etwas oder jemand kommt und sie befreit, so dass sie in die andere Welt übergehen können. Erst dann können sie ihren Weg fortsetzen. Diese Wesen wollen, dass man sie bemerkt, weil sie jemand suchen, der sie aus ihrem Gefängnis erlöst und ins Licht führt. Aber dafür waren unsere Schützlinge nicht reif genug. Jedoch der Mann hörte die alten, ihm noch immer so vertrauten Gesänge und fühlte sich von ihnen angezogen. Irgendwann wird er begreifen, wovor ihn die Frau mit ihrer natürlichen Scheu vor dem Unbekannten und der Weigerung weiterzugehen bewahrt hat. Er wäre in eine Falle gegangen, aus der er sich vielleicht nicht so schnell befreit hätte! Er jedoch wird lange noch glauben, dass er in unseren Saeculi gelandet wäre.

Nekropoli rupresti

Es war an einem warmen Frühsommertag Anfang Juni. Am letzten Tag unseres Urlaubs, den wir auf der Halbinsel des Monte Argentario verbracht hatten, wollten wir unsere Erlebnisse noch einmal Revue passieren lassen, indem wir einen abschließenden Ausflug ins Landesinnere unternahmen. Es war ein Urlaub der Emotionen gewesen, der in den letzten Tagen mit dem Besuch von Bomarzo und seinem Park der Ungeheuer eine neue Dimension erreicht hatte. Dieser Park, der nicht nur bei uns, sondern schon seit Jahrhunderten bei vielen seiner Besucher die Frage nach dem Sinn dieser ganzen Anlage aufgeworfen hatte, geisterte immer noch durch unsere Gedanken, denn damit schienen wir einem Geheimnis auf der Spur zu sein. Durch Zeit und Raum gab es da vom 16.Jahrhundert bis zurück zu den Etruskern eine Verbindung.

Zwischen uns schwelte aber an diesem letzten Tag ein Streit, dessen Grund war, dass mein Gefährte das Bedürfnis verspürte, noch eine neue Anregung mit nach Hause zu nehmen, während ich fürs Erholen und gemütliches Ausklingen unserer Etrurienreise war. Gerade als unsere Auseinandersetzung zu eskalieren drohte und ins Unsachliche abglitt, bemerkten wir, dass unsere Tankanzeige auf Reserve stand. Und das an einem Sonntagnachmittag, weitab von der Autobahn und ihren immerwährend geöffneten Tankstellen! Ernüchtert begannen wir zu überlegen, wo in dieser Gegend eine Möglichkeit bestehen konnte, unser braves Auto mit dem nötigen Benzin zu versorgen. Da bot sich die Via Cassia Richtung Rom an, in die wir gerade abbiegen konnten. Tatsächlich stießen wir dort bereits nach einigen Kilometern auf eine – welch ein Wunder – geöffnete Tankstelle, wo wir den notwendigen Sprit bekamen. Erleichtert fuhren wir auf dieser alten, auch heute immer noch wichtigen Römerstrasse weiter und begannen uns zu uns fragen, wo jetzt eigentlich der nächste sehenswerte Ort war.
Unser Dumont-Reiseführer erzählte uns von einem alten Etruskerort namens Blera, wo sich nicht nur jede Menge etruskischer Gräber,

sondern auch alte Brücken und unterirdische Gänge befinden sollten. Wir bogen von der Via Cassia ab, krochen kurz darauf eine Weile hinter einem gemächlich fahrenden Linienbus her, durch eine grüne, sonnendurchglühte Landschaft, vorbei an Obst- und Weingärten. Und so trafen wir zum wiederholten Mal auf das Phänomen der etruskischen Landschaft, wo sich urplötzlich in einer leicht gewellten fruchtbaren Ebene eine dicht bewaldete Schlucht auftut, mit rötlichen Felsen, in denen riesige Löcher gähnen, frühere Gräber, die heute allerdings in Ställe, Schuppen oder Weinkeller umgestaltet sind.

Diese jäh auftauchenden Schluchten sind eine Eigenart Nordlatiums. Sie schaffen eine Dramatik und erwecken ein Gefühl der Ewigkeit und Schicksalsschwere, wie wir sie aus der Toskana nicht kennen. Und so gelangten wir zwischen zwei Felswände wie durch ein Tor nach Blera, einem Dorf, am Zusammenlauf zweier Flüsschen auf einem Tuffplateau gelegen.

Auf dem kurz darauf folgenden Spaziergang stießen wir auf zahlreiche Wegweiser, die uns mitteilten, dass es hier verschiedene etruskische Nekropolen geben muss, sowie zwei alte Brücken, von denen die eine „ponte etrusco" hieß und uns allein durch ihren Namen neugierig machte. Wir durchquerten enge Gassen in dem trotz hellen Sonnenlicht etwas düster wirkenden Städtchen mit seinen mittelalterlichen Häusern, bis wir zum Ortsende gelangten, wo der Tuff -Felsen die Häuser zu formen scheint, die dort aus dem porösen und weichen Material herauswachsen.

Und ab diesem Punkt begleiteten „sie" uns, jene gestaltlosen Wesen. Wir sahen zwar keine Menschenseele, – wie üblich an einem frühen Sommer-Sonntagnachmittag waren die Straßen ausgestorben – jedoch wir begriffen, dass sie da waren, diese Menschen, die hier vor weit mehr als 2000 Jahren gelebt hatten. Sie umgaben uns auf unserem Weg aus Blera hinaus und Hügel abwärts durch die zahlreichen Gärten mit Reben und Haselnuss-Sträuchern, vorbei an den Felsen mit den unzähligen Gräbern, die in späteren Zeiten zu Schuppen und Vorratskammern degradiert worden waren. Zum Teil hatten wir auch den Eindruck, dass hier, zumindest zeitweise, manch arme Familie im Laufe der Jahrhunderte gewohnt hat.

Jetzt lebt niemand mehr in den Höhlen, aber die Grenzen zwischen Vergangenheit und Gegenwart verwischen sich in dieser Landschaft immer wieder, und die alten Zeiten sind noch mächtig. Wir waren schon eine ganze Weile gewandert, uns gegenseitig etwas beklommen unsere Eindrücke mitteilend, nach einigem Zögern vorbei an einem wild und böse bellenden Hund, als wir mit einem Mal auf einer Lichtung standen. Linkerhand sahen wir die altehrwürdige etruskische Brücke, welche die Schlucht zur anderen Seite überspannte, aber rechterhand tat sich vor uns eine Szene auf wie die Kulisse eines Theaters. Hier waren in einen Felsen Gräber in Form von Häusern mit Türen, Fenstern, Scheintüren und Dachfirsten eingemeißelt worden. Treppen führten von außen auf eine Art Plattform, wo die Priester hinaufgestiegen waren, um das Totenopfer darzubringen.

Ich weiß nicht mehr, wie lange wir uns dort aufhielten, aber wir waren zu dieser Stunde nicht mehr im Italien von heute, sondern in Etrurien, 600 Jahre vor unserer Zeitrechnung. Zahlreiche Büsche und Gräser hatten sich bereits daran gemacht, den Felsen zu überwuchern, dennoch waren die Priester in ihren weißen Gewändern und die Trauernden mit den Leichenkarren gegenwärtig. Die Zeit stand still und ich begriff zum ersten Mal, dass sich an solchen Stellen ab und zu ein Tor in die Vergangenheit öffnet – nur einen verwunschenen Augenblick lang, und es vielleicht sogar möglich ist hindurchzugehen ....

Wir wussten damals nicht, dass diese Felsnekropole nur eine von vielen im Gebiet von Viterbo ist, aber oft ist der erste Eindruck gleichzeitig auch der stärkste, auch wenn man später auf Schöneres und Größeres trifft.

Den Rückweg schafften wir im Handumdrehen. Es war, als ob wir plötzlich eine Abkürzung genommen hätten und durch ein anderes Tor wieder in unsere Zeit gelangt wären. Auch Jahre später, als ich mit Angehörigen meiner Familie diese Wanderung wiederholte, um ihnen zu zeigen, wo damals alles begonnen hatte, erlebte ich das gleiche Phänomen...

Blera war zur Etruskerzeit ein ländliches Zentrum von einem gewissen Reichtum, der sich in den Gräbern und deren Ausstattung niederschlug. Die in den Fels gehauenen Grabanlagen, aufwändig mit Reliefs verziert, findet man überall in diesem Tuffgebiet, das die Vulkane vor Äonen geschaffen hatten. Der Bolsenasee, 30 Kilometer nördlich und der Vicosee, 10 Kilometer südlich von Blera, sie sind Kinder der Feuerberge, vollendete Kraterseen, an deren Ufern der fruchtbare Vulkanboden Wein, Früchte, Oliven und noch vieles mehr wachsen lässt.

Nach diesem Erlebnis war uns klar, dass wir in dieses vergessene Land wieder kommen würden, weil es unser Herz berührt hatte, wie nie eine Landschaft zuvor.

Es war die Landschaft unserer Seele.

Hierzu der alte Rasenna:

Sie haben sich beide mit der Erde Etruriens verbunden. Zwar ahnen sie jetzt, dass wir ihnen folgen, sobald sie unser Land betreten. Aber noch glauben sie nicht, dass sie persönlich gemeint sind. Doch bald werden sie es wissen. Was bedeutet für uns, die wir in Saeculi denken, das Wort Zeit! Sie fiebern in ihrem kalten Germanien mit den langen Wintern ihrer nächsten Reise zu uns entgegen. Für uns Jenseitige, die wir so lange gewartet haben, ist der Begriff Monat oder Woche wie für andere Minute oder Sekunde. Aber wir wollen nicht, dass sie in Phlera bleiben. Denn wir haben eine andere, viel größere Überraschung für sie bereit.

Vergessenes Land

Wer einmal die Landkarte von Lazio genauer betrachtet, dem fällt auf, dass zwischen Tarquinia, Tuscania und Viterbo kaum ein größerer Ort eingezeichnet ist. Dieses Gebiet ist fast so leer, als ob vor Jahrtausenden ein Sturm hier alles weggefegt hätte. Eigentlich beginnt die Leere auf der Landkarte bereits bei Montalto di Castro – man kann sagen, kurz hinter der Region, die sich heute Toskana nennt. Ein paar Weiler, einige Häuser, nur auf der Generalkarte ersichtlich, hin und wieder ein Hinweis auf „tombe etrusche" und einige dünn eingezeichnete Flussläufe. Kein Wunder, dass auch der Touristenstrom achtlos daran vorbeizieht.

Doch war dieser Landstrich im Altertum dicht besiedelt, gehörte er schließlich zum Einzugsgebiet von Tarquinia, der ältesten und neben Caere bedeutendsten Lukumonie Etruriens. Wohl existiert noch Tuscania, das in den sechziger Jahren Opfer eines schweren Erdbebens wurde, das die vormals noch ganz intakte historische Altstadt zerstörte. Inzwischen ist das Städtchen wieder aufgebaut, dank der Tatsache, dass hier Ausländer die Ruinen kauften und restaurieren ließen.

Die Einheimischen zogen es vor, neue Häuser außerhalb des historischen Zentrums zu bauen, und so macht die Innenstadt mit ihren vielen Kirchen und wenigen Geschäften einen eher verlassenen Eindruck. Bekannt ist Tuscania, früher übrigens Toscanella genannt, durch seine beiden außerhalb des Ortes liegenden Kirchen aus dem frühen Mittelalter. Eine davon, die alte Basilika San Pietro, steht auf einem alles andere überragenden Hügel, ein Stück weiter unten ist ihr Gegenstück, die Kirche Santa Maria Maggiore. Dort, am höchsten Punkt befand sich in der Etruskerzeit die Akropolis, wie auch die Ausgrabungen der letzten Jahre bewiesen haben.

Ich war bei meinen ersten Besuchen in Etrurien, vor vielen Jahren, sehr enttäuscht darüber, dass nur christliche Kirchen dort standen, wo einst die Tempel auf den Hügeln emporragten. Aber dann wurde mir klar, dass jenes Band zwischen der Antike und der Romanik weiter bestand, als die Menschen nach außen hin bereits Christen waren. Hier lebten die alten heidnischen Vorstellungen mit ihren Greifen, Löwen, Schlangen, mit ihren Dämonen, Drachen und üppig wuchernden Pflanzen unter christlichem Deckmantel fort. Etruskisch ist hier der Geschmack des Künstlers und sein Beschreibungsvermögen, und etruskisch ist auch die Figur eines Tänzers auf einem der Mauerblöcke, der unterhalb des Portals eingefügt wurde.

An sich ist diese Kirche typisch romanisch, ebenso wie die andere, weiter unten liegende. Die Säulenreihen in ihrem Inneren sind wie ein Wald, in den das Licht nur indirekt durch die kleinen Fensteröffnungen und – nicht zuletzt durch die wunderschöne Steinrosette über den Portal – hineinfällt. Bei der Kirche Santa Maria Maggiore bewundern wir die zum Teil noch in schönen Farben erhaltenen Fresken. Wie schon bei den Etruskern, sind sie nur auf den Tuffstein aufgetragen worden. Immer wieder zieht es uns zu diesen beiden Kirchen, besonders zu der von San Pietro, wenn wir hierher kommen. Einmal allerdings hatten uns die Etrusker gezeigt, dass sie nicht begeistert sind, wenn man sich auf ihre Kosten sein Mütchen kühlt.

Wir hatten nämlich mit den überall vor der Kirche aufgestellten Sarkophagen unsere kleinen Späßchen getrieben. Einer Statue fehlte der Kopf. Statt dessen hielt Peter seinen Kopf an die Stelle, wo er der Sarkophagfigur fehlte. Einer anderen bot er eine Zigarette an. Daraufhin verweigerte unsere Kamera ihren Dienst. Die Akkus waren plötzlich leer! Und zwar alle! Wieder nach Deutschland zurückgekehrt stellten wir fest, dass sie völlig in Ordnung waren und die Kamera wieder funktionierte, als sei nichts gewesen ...

Impressionen

Zwischen Tuscania und Viterbo, ebenso zwischen Tarquinia und Tuscania herrscht die Leere – kein Dorf – nur wenig Häuser. Dann nimmt die Besiedlung wieder zu, bleibt aber auf kleine Dörfer, die sogenannten „Borgos" beschränkt. Wir sind hier in uraltem Bauernland mit Obst- und Haselnussplantagen, Olivenhainen und Weingärten. Jedoch der Wein dieser Region bleibt vorwiegend im Lande. Die Gourmets bevorzugen den raffinierteren Wein der benachbarten Toskana, der schließlich als Exportschlager für die Gourmets in aller Welt hochgezüchtet wurde. Der Weißwein des Nordlatiums ist unverfälschter Bauernwein, kaum durch Schwefelung haltbar gemacht, daher auch nicht für den Export bestimmt, ehrlich wie die Gesichter der Bauern, die nicht verstehen können, warum die Touristen, die sich hierher verirren, immer glauben, dass Diebe unterwegs sind. „Hier im Ort stiehlt niemand." Diesen Satz hören wir immer wieder. Mit der Einschränkung allerdings „na ja, es sind in letzter Zeit öfter mal Fremde in der Gegend!"

Die alten Frauen sitzen am Abend vor ihren Häusern auf der Bank, vor oder in der Bar sitzen oder stehen die alten und auch die jüngeren Männer. Sie unterhalten sich über die neuesten Sportergebnisse und schimpfen über die Politiker. Es ist italienischer Alltag, ohne Touristen, aber nicht ohne die Dinge des täglichen Bedarfs, angefangen vom kleinen Supermarkt im Dorf, der Metzgerei, an deren Tür ein Pappschild darauf hinweist, dass hier Fleisch aus der örtlichen Viehzucht verkauft wird, dem Blumenladen, der Alpenveilchen anbietet, die allerdings unterhalb des Ortes im Tal viel schöner blühen ...

Immer wieder entdecken wir so einen Adlerhorst von einem Dorf auf einem der Felsen, umgeben von Wäldern und wild wuchernder Macchia. Der etruskische Ursprung ist an der Lage unschwer zu erkennen. Die Etrusker bauten ihre Häuser vorwiegend auf Hügeln; weithin schweift hier der Blick. Das war nicht nur strategisch günstiger, sondern auch gesünder, denn in den Flusstälern blieb die Luft damals wie heute gleich einer Glocke hängen, konnte

69

nicht entweichen und entwickelte ungesunde Dünste. Nicht umsonst glaubten die Menschen lange Zeit, dass die gefürchtete Malaria durch die schlechte Luft „mal aria" ausgelöst wird. Auf den Anhöhen war man erfahrungsgemäß sicherer vor dieser Krankheit.

Und so sind charakteristisch für das Nordlatium die aus den dichten Laubwäldern emporragenden Felsen mit den abgeflachten Tuffplateaus, auf denen die Dörfer liegen, manchmal in einer Fluss-Schleife, oft umgeben von zwei kleinen Flüssen, die auf beiden Seiten des Felsens tiefe Schluchten gegraben haben.

Die Zufahrt ist meistens nur von einer Seite möglich. Der steile Felsen bildete in alten Zeiten einen natürlichen Schutz. Mittlerweile ist jedoch so manches Dorf von seinen ursprünglichen Bewohnern verlassen worden, und die Häuser verfallen, wenn sich nicht großstadtmüde Käufer ihrer annehmen und sie liebevoll restaurieren. Sie dienen jedoch oft den neuen Bewohnern lediglich als Wochenendhaus oder Feriendomizil.

Wir haben ab und zu einmal solche Dörfer während der Woche besucht und gespürt, wie tot und verlassen sie trotz ihrer Restaurierung sind. Ein besonders gutes Beispiel hierfür ist Calcata, auf einem der wohlbekannten Tuffplateaus inmitten eines herrlichen Naturparks gelegen. Das Örtchen mit seinen würfelförmigen Natursteinhäusern und den steilen Außentreppen wirkt wie ein Schmuckstück auf uns, so schön sind die Häuser restauriert. Aber wir treffen außer einigen Katzen niemand an.

Inmitten des Ortes, auf einem kleinen, völlig unbelebten Platz, stehen aus dem örtlichen Stein gehauene Imitationen von etruskischen Thronsesseln. Hier war ein Künstler am Werk, das ist uns klar. Ich setze mich auf einen der Throne, umgeben von maunzenden Katzen, die mir sofort um die Beine streichen. Sie sind zahm und zutraulich – ganz anders als sonst die Katzen, die man im Süden antrifft. Aber als ich sie genauer anschaue, merke ich, dass sie alle Katzenschnupfen haben. Sie werden bald tot sein, wenn sich niemand ihrer annimmt, und das verstärkt noch die tote Atmosphäre, die uns die Freude an dem hübschen Ort nimmt.

Aber in jene Dörfer, denen ihre Bewohner treu geblieben sind, und wir finden gottlob immer noch eine beträchtliche Anzahl davon, ist in den letzten Jahren ein gewisser Wohlstand eingekehrt, wie schon seit vielen Jahrhunderten nicht mehr. Die Trattorien der Region bieten eine gute bodenständige Küche, zwar ohne die Raffinessen der benachbarten Toskana, aber schmackhaft und zu moderateren Preisen.

Auffallend sind die schönen Pferde, die auf den Weiden herumtollen, temperamentvolle Tiere, die uns sofort daran erinnern, dass die Etrusker Pferde über alles geliebt haben. Der Freskenzyklus eines Grabes fällt mir ein, auf dem ein Pferderennen dargestellt wird. Einer der Reiter wird allerdings in hohem Bogen abgeworfen, während eine Zuschauerin erschreckt die Hände vors Gesicht schlägt.

Wie schon in alter Zeit werden hier Turnierpferde gezüchtet. Aber manchmal veranstalten die Bauer der umliegenden Ortschaften selber kleine Parcours, die anschließend mit einem Fest zu Ende gehen. Da sind im Freien inmitten der bewaldeten felsigen Hügel hölzerne Tische und Bänke aufgestellt; Köstlichkeiten der regionalen Küche, wie Wildschwein, Kaninchen und die berühmten Salsicce werden am Spieß gebraten oder gegrillt. Die Bauern bringen den Wein aus ihrem eigenen Anbau – jeder schmeckt ein bisschen anders, aber immer hervorragend. Wasser? – Allora – Aqua minerale gibt es nicht. Dafür ist hier eine Quelle oder ein Brunnen in der Nähe, wenn man unbedingt Wasser trinken will! Auch heute noch versteht man in Tuscia zu leben und geniest nach der Arbeit seine Freizeit. „Die sind faul", urteilt eine dicke deutsche Touristin, „Hocken den ganzen Tag nur in den Kneipen rum".

„Das ist das typische selbstgerechte deutsche Vorurteil.", erwidere ich etwas erbost. „Auch hier haben die Leute keine Heinzelmännchen. Aber im Sommer ist es nun mal heißer als in Deutschland. Die Leute würden reihenweise tot umfallen, wenn sie in der glühenden Mittagshitze auf den Feldern arbeiteten. Und so wartet man eben auf die kühleren Spätnachmittags- und Abendstunden. Außerdem richtet sich die Arbeit schließlich nach den Gegebenheiten, beispielsweise nach der anderen Zeit der Ernten, nach den Früchten, die hier wachsen und teils früher, teils auch später geerntet werden und so weiter..." Aber ich will nicht näher auf solche Touristen eingehen, die bei den Etruskern ohnehin nicht willkommen sind.

„Was liebst du denn am meisten?" So fragen wir Salvatore, einen Bauern aus einem der umliegenden Dörfer im Verlaufe eines etwas tiefsinnigen Gesprächs. Wir kennen ihn erst ein paar Stunden. An diesem milden Abend im Frühsommer sitzen wir in einer Pizzeria, haben gerade zu Abend gegessen und der Wirt bringt noch einen weiteren Krug Wein.

Salvatore ist etwas über vierzig, mittelgroß, stämmig, ohne dick zu sein, hat einen krausen dunkelbraunen Vollbart, der dichter ist als die Haare auf seinem Kopf, die zwar ebenfalls dunkelbraun und kraus sind, jedoch eine bereits lichte Stelle am Hinterkopf durchschimmern lassen. Aber seine braunen Augen, die uns aus dem wettergegerbten Gesicht mit einem kleinen Funkeln betrachten, erwecken in uns von der ersten Sekunde an eine tiefe Sympathie für ihn.

„Was mir wichtig ist", meint er ohne zu zögern, „das ist meine Erde, meine Pferde und mein Wein". Und Frauen? „Ach", sinniert er, „mit den Frauen ist es so eine Sache. Sie kommen und gehen – manchmal schickt man sie auch fort und kurz darauf tut es einem wieder leid. Aber wenn sie da sind, erträgt man sie oft auch nicht. Das ist mit Pferden anders, und erst recht mit der Erde und dem Wein, der darauf wächst. So etwas ist beständig und man trennt sich nie davon ..."

Eine solche Unterhaltung wäre vermutlich mit einem Menschen 2500 Jahre zuvor in diesem Land ebenso möglich gewesen. Der Unterschied zu dieser so weit zurückliegenden Zeit ist nicht groß. Die Autos, die Traktoren, das elektrische Licht, ja sogar die Computer und die Touristen, das sind alles nur äußerliche Begleiterscheinungen ohne große Bedeutung. Wäre heute von einem Tag auf den anderen das alles verschwunden, ich bin sicher, dass die Leute wieder ihre Öllampen aus dem Keller holen, nachts ihre Fackeln anzünden und damit durchs Dorf gehen würden. So reduziert sich das Leben letztendlich auf die elementaren Dinge: Essen, Trinken, die Liebe zur Heimat und das Gespür für seine Erde, auf der man lebt und die einem gehört. Es ist eine Art von Liebe, die hier in unserer modernen Welt oft nicht mehr verstanden wird. Aber diese Leute leben ihr Leben auf eine so selbstverständliche Art und Weise, dass wir fast neidisch werden könnten. Ist es das, jenes verloren gegangene Paradies? Können wir hier in diesem alten Etruskerland noch ein Stückchen davon festhalten?

In dieser verwunschenen Gegend liegen zwei Felsnekropolen, Norchia und Castel d'Asso. Für die Besichtigung von Norchia sollte man etwas sportlich sein und eine gute Kondition haben, denn der Abstieg über das felsige Gelände in das Tal mit seinen riesigen, prunkvollen Grabanlagen ist schwierig. Ganz deutlich erkennen wir die vorgetäuschten Tempelfassaden und die trapezförmigen Türen, durch die man in die Gräber gelangt. Oft treffen wir dort auf Scheintüren, die, ebenfalls in Trapezform, nach ägyptischem Vorbild in die Wände eingemeißelt wurden, ohne die Funktion von echten Türen zu haben, damit die Seele nach dem antiken Glauben aus und eingehen konnte. Gegenüber diesem Tal der Toten lag auf einem Hügel eine etruskische Stadt namens Orcla.

Über eine Brücke gelangen wir auf den Weg, der zu den Ruinen der aufgegebenen Stadt führt. Erst über die Reste eines mittelalterlichen Kastells kommen wir zur verfallenen Kirche aus dem Mittelalter, deren Chor zur Hälfte noch steht, während das Langhaus völlig zerfallen und von Pflanzen überwuchert ist. Wir machen dort Rast, aber nach einiger Zeit wird uns die Stille unheimlich. Hier lädt uns nichts zum Träumen ein. Statt dessen empfinden wir etwas Bedrohliches, das uns beunruhigt und das auf eine unbestimmte Gefahr hindeutet. So beschließen wir, wieder umzukehren und zurück zur Nekropole zu gehen.

Unterwegs treffen wir den Kustoden, der die Nekropolen um Blera beaufsichtigt. Anscheinend sieht er auch hier nach dem Rechten. Uns kommt er wie gerufen, denn wir haben uns auf dem Rückweg fast verirrt und die Brücke, die einzige Verbindung zwischen den beiden Hügeln, nicht mehr gefunden. Ist es Zufall, dass er auftaucht, nachdem ich die Etrusker um Hilfe gebeten habe? Die Zunge klebt uns am Gaumen nach der strapaziösen Wanderung bei sommerlichen Temperaturen. Er gibt uns aus seiner Wasserflasche zu trinken und begleitet uns zurück zum Wagen.

Auch Castel d'Asso, nicht weit von Viterbo hat die Struktur der Nekropole von Norchia. Riesige Fassadengräber mit Scheintüren im rötlichen Fels, leider allerdings mittlerweile vom Verfall bedroht, umgeben von einer Wildnis voller Sträucher und Stauden, in der offenbar eine größere Anzahl von Stachelschweinen zu Hause ist. Als Beweisstücke für unsere daheimgebliebenen Familien haben wir einige Stacheln, welche die lieben Tierchen dort abgeworfen hatten, eingesammelt.

Wir besichtigen einige Gräber, die aber im Inneren fast völlig schmucklos sind. Offensichtlich haben die Bewohner der umliegenden Siedlungen mehr Wert auf die Außenfassaden gelegt. In langen Reihen, dicht nebeneinander, müssen die Toten hier auf ihre steinernen Liegestätten gebettet worden sein.

Aber etwas ist hier verblieben von dieser geballten Energie, mehr noch als in anderen Nekropolen. Fast schon entsteht ein Dunst, vielleicht auch hervorgerufen durch die Hitze draußen und die Kühle hier drinnen, aus der sich flüchtige, immer wieder sich wandelnde Gestalten zu formen scheinen. Wir beschließen, den Rest der Nekropole von außen zu besichtigen und wandern den Weg zwischen all den hohen Felsen mit ihren Grabreliefen weiter.

Plötzlich – wir haben sie zuvor nicht gesehen – tauchen zwei Gestalten, ein alter Mann und eine alte Frau – er mit einer Sense – sie mit einem Rechen über der Schulter vor uns auf. Vor Schreck fast gelähmt starre ich sie einen Augenblick lang an. Beide grüßen jedoch freundlich mit „buona sera", und wir antworten ihnen zwar etwas verwirrt, aber genauso freundlich. Vermutlich kamen sie aus einem der kleinen Seitenwege. Auf eine so archetypische Begegnung gerade in einer etruskischen Totenstadt war ich nicht gefasst. Ich habe noch einige Zeit nach dieser Begegnung weiche Knie. Auch in der Nacht, eine jener merkwürdigen Nächte in Etrurien, geistern die beiden durch meine Träume...

Im abgelegensten Teil der Region liegen auch ein paar wichtige

Ausgrabungsstätten, bei denen der frühere schwedische König, Großvater des heutigen Gustav Adolf, maßgeblich mitgewirkt hat: San Giovenale, in der Nähe von Blera und – ein Stück weiter in der Nähe des Bolsenasees, eine ehemalige Etruskersiedlung, heute Aqua rossa genannt. Diese ehemaligen Wohngebiete der Etrusker haben neuen Aufschluss über die Architektur der Häuser und die Struktur der Dörfer gegeben, doch wir als Laien können nicht viel darin erkennen. Die Gräber sind die Wurzeln, wie es D.H.Lawrence einmal ausdrückte, die in der Erde verblieben sind, nachdem man alles andere vernichtet hatte. Nun, vielleicht sprießen aus den Wurzeln eines Tages wieder neue Triebe, anders als die alten, aber dennoch aus der alten etrurischen Erde, die jetzt ihre Fruchtbarkeit an die üppig wuchernden Pflanzen verschwendet.

Oft lassen wir den Abend noch in Tarquinia am Meer ausklingen. Ich liebe diese Straße nach Tarquinia, die durch fast menschenleeres Gebiet führt. Mitten durch die grün-gelben, mit Macchia bedeckten Hügel fahren wir, in die vor uns aufragenden Erhebungen hinein, wie in Merlins Zauberreich ... Doch halt! Wir sind in Etrurien und dahin gehört Merlin nicht. Aber vielleicht hat es einmal so eine Art etruskischen Merlin gegeben? Ein Zauberer, ein Magier?
Ich bin mir ziemlich sicher. Wenn ich hier einige Zeit verweilen würde, in diesem Wald aus einer Mischung von alten Steineichen und immergrünem Buschwald, dann würde er zwischen den Bäumen und Büschen hervorkommen. Ich sehe ihn in diesem Augenblick ganz deutlich. Er hat einen spitzen Hut mit einer breiten Krempe auf dem Kopf, jeweils zwei dicke schwarze Zöpfe fallen ihm links und rechts nach vorn auf die Brust. Sein weißer Umhang, den er über die Schultern gelegt hat, der Vorläufer der römischen Toga, gibt einen Teil des langen weißes Untergewandes frei. Dann hebt er zum Gruß die Hand und lächelt mich an mit diesem etwas verhaltenen, geheimnisvollen etruskischen Lächeln, das die Phantasie so beflügelt und eine unbestimmte Sehnsucht in mir erweckt.
Warum nur gibt es so gut wie keine etruskischen Überlieferungen? Sind wirklich die Römer daran schuld, die alle schriftlichen

etruskischen Zeugnisse vernichtet haben, um sich mit fremden Federn zu schmücken? Seit fast zweitausend Jahren schon dämmert dieser Landstrich vor sich hin, durch den wir fahren.

An der Straße tauchen die Reste eines stillgelegten Bahnhofs auf, ein Gebäude im Jugendstil, mittlerweile ohne Dach, innen ist der Fußboden gesprungen, und jetzt wachsen durch die Risse und Ritzen Brennnesseln, liegen Schutt und Abfall herum. Eigentliche schade um das ursprünglich schöne Gebäude.

Hier, mitten durch dieses gottverlassene Land führte die Bahn, eine Nebenstrecke, die sich nicht mehr lohnte, als der Autoverkehr zunahm, und die deshalb stillgelegt wurde. Das Städtchen, zu dem dieser Bahnhof gehörte, lag kilometerweit weg.

Auf die Fassade des Gebäudes haben irgendwelche Ragazzi (Burschen, Jugendliche) „Titirilli scusa" (Titirilli, entschuldige) geschrieben. Wer ist Titirilli? Eine Fußballverein – oder eine örtliche Band? Jedenfalls gibt Titirilli für einige Minuten Gesprächsstoff und Rätsel auf, bevor wir auf die Strasse nach Tarquinia kommen. Wir fahren an den Hügeln der Cività vorbei, über denen der Schleier der Erinnerung an das etruskische Tarquinia liegt. Oft vermeint man, in der Abenddämmerung plötzlich die schemenhaften Umrisse der alten Stadt zu sehen.

Streifzüge um den Bolsenasee

Nicht weit entfernt vom Bolsenasee, bei Aquapendente, liegt auf einem von Wind und Regen „angeknabberten" bleichen Tuff-Felsen, umgeben von steilen Felsabbrüchen, die an die „Balze" bei Volterra erinnern, die „sterbende Stadt", „la Cività" genannt, natürlich, wie könnte es anders sein, etruskischen Ursprungs. Nur durch eine steile und nicht sehr breite Riesenbrücke, die sich über die Schlucht schwingt, kann man das Städtchen erreichen. Autos haben hier keine Chance. Nur jene lustigen dreirädrigen kleinen Autos, „Ape" (Biene) genannt, brummen ab und zu hoch, um die Dinge des täglichen Bedarfs anzuliefern. Wir kriechen, wieder einmal bei brüllender

Hitze, mit unserer Videokamera „bewaffnet", über die Brücke, deren Steigung uns mindestens 20 Prozent erscheint.

Durch ein Tor mit gotischem Spitzbogen führt uns ein langer Gang durch den Fels in den Ort. Wir erkennen, und werden auch durch ein Schild darauf hingewiesen, dass zumindest Teile dieses Felsdurchstichs wieder mal etruskisch sind. Oben treffen wir einen hübschen kleinen Marktplatz an, um den sich frisch renovierte, mit Blumen geschmückte Häuser aus Tuffstein scharen. Das Städtchen oder das, was die starke Erosion des Tuff-Felsens und die vielen Erdbeben davon übriggelassen haben, wurde von den Römern der Neuzeit „gerettet". Das unterscheidet die heutigen Römer von ihren antiken Vorfahren, die nicht gerade glimpflich mit den etruskischen Städten und ihren Bewohnern umgegangen waren. Im Herbst, wenn im Tal die Nebel aufsteigen, ragt „La Cività" auf seinem Felsen wie eine Insel aus einem Meer von milchigem Dunst heraus.

Bei einem Rundgang durch den kleinen Ort stoßen wir in einem blühenden Garten auf eine freundliche alte Frau, die vor ihrem kleinen Tuffsteinhaus sitzt und Gemüse putzt. In ihrem Garten und vor ihrem Haus sind Dinge aus allen Epochen versammelt: Scherben von römischen und etruskischen Gefäßen, eine alte Ölmühle, Mühlsteine zum Mahlen von Getreide, altes Geschirr aus dem Mittelalter, ein kleines Kinderköpfchen aus Ton, unverkennbar römisch. Sie erzählt uns, dass sie vieles hier und in der näheren Umgebung gefunden hat. Immer wieder gibt die Erde etwas von den längst versunkenen Schätzen frei. Wir kaufen bei ihr ein paar schöne Bruchstücke eines bemalten Tellers, der angeblich aus dem Mittelalter stammt. Selbst, wenn dem nicht so wäre – uns gefällt die Bemalung, und die alte Frau freut sich über die geforderte Summe, die wir ihr ohne zu feilschen in die Hand drücken.

Neuerdings könnte man hier sogar übernachten. Eine kleine Pension bietet vier Doppelzimmer an. Aber vielleicht würden wir dann in der Nacht von dem „Nichts" aus Michael Endes Roman „Die unendliche Geschichte" träumen, das immer näher kommt und über kurz oder lang den kleinen Ort samt dem Felsen, auf dem er steht, verschlingt, denn nur eine Seite des brüchigen Tuffgesteins, auf dem la Cività steht, hat ein Betonkorsett bekommen, das dem Gestein den notwendigen Halt gibt, die andere Seite bröselt nach wie vor und reißt immer wieder ein Stück Felsen und ein allzu vorwitziges Gebäude in die Tiefe. Der Staat hat, wie immer, kein Geld, so dass nur durch Einzelinitiativen Sanierungen vorgenommen werden können.

Am Wochenende kommen die Touristen, hauptsächlich aus Rom oder manchmal auch aus den benachbarten europäischen Ländern, um diese kleine, vom „Nichts" umgebene „Cività" zu besichtigen. Sie kommen vom Bolsenasee, wo die gleichnamige Stadt Bolsena ein bescheidenes touristisches Zentrum bildet, das einzige im Landesinnern von Tuscia. Dann wird es lebhaft in Cività, ein buntes Gemisch von erstaunlicherweise vorwiegend jungen Leuten bevölkert die kleine Piazza mit der alten romanischen Kirche. Sogar Konzerte finden statt, und wir hören neben dem italienisch-englisch-deutschen Sprachengewirr Klänge von mittelalterlicher Musik – etruskische Klänge wären ja auch ein bisschen viel verlangt!

Wenn man in der Nähe des Bolsenasees Richtung Valentano abbiegt, kommt man auf die weniger bekannte Seite des Sees, zunächst nach Capodimonte mit seinem wie üblich auf dem Hügel liegenden „centro storico". Unten am Ufer finden wir eine schöne Sepromenade, wo Ausflugsboote im Sommer zur Insel Bisentina fahren. Aber sie fahren nicht immer, und schon gleich gar nicht unter der Woche, wenn kaum Besucher ihre Dienste in Anspruch nehmen. Dennoch fährt uns der „Fährmann" nach einigem hin und her unter Vereinbarung eines Aufpreises für die fehlende Kundschaft in einem kleinen Elektroboot zu der Insel, die uns an Böcklins „Toteninsel" mit ihrem dunklen Zypressen erinnert. Allerdings müssen wir eine Reiseleiterin, die sich als hübsche junge Studentin mit großen Augen und kleinen Füßen, die in Schuhen fast ohne Sohlen stecken, in Kauf nehmen.

Sie ist uns jedoch sehr sympathisch und geht sofort auf unsere Wünsche ein, als wir ihr klar machen, dass uns eigentlich nur die Etrusker interessieren. Wir lassen also das Schloss der Farnese samt dem Park, der es umgibt, links liegen. Im Gegenzug schlägt sie uns eine kleines Spiel vor. Wir sollen ihr sagen, wo unserer Meinung nach auf dieser Insel etruskische Funde gemacht wurden. Mittlerweile kann auch ich die Etrusker fast schon riechen, wenn sie sich irgendwo aufgehalten haben.

Oben auf dem Hügel, den wir hinaufkeuchen, da war ein etruskischer Tempel, auf dessen Fundamente jetzt eine kleine Kirche gebaut wurde. Schon als wir in unserem kleinen Schiff zur Insel gefahren wurden, haben wir kurz vor dem Ufer im Wasser einen etruskischen Sarkophag liegen sehen. Kein Zweifel, auch auf dieser Insel haben Etrusker gewohnt. Ein Teil der Nekropole liegt mittlerweile unter Wasser. Am Ende unserer Exkursion ist die kleine Studentin von unserer Intuition und unseren Kenntnissen mehr beeindruckt als wir von der Insel.

Eine kleine Landstraße führt in einiger Entfernung vom See nach Orten wie Valentano, Latera und dem bizarren Grotte di San Stefano, wo uns wieder Grabhöhlen in den Felsen entgegengähnen. In diesem Ort lebten noch in den fünfziger Jahren manche Bewohner in den Gräbern ihrer Vorfahren, hatten sich dort wohnlich eingerichtet und hausten hier schon seit Äonen, bis in den fünfziger Jahren die Regierung das Wohnen in solchen Felshöhlen als gesundheitsschädlich verbot.

Ein schwer zugänglicher Feldweg nur führt nach Bisenzio, wo die ältesten Funde des Bolsenasees gemacht wurden. In den Tiefen dieses Sees dürfte noch einiges aus der Vorzeit der Etrusker ruhen, denn hier war vor mehr als 3000 Jahren, sprich noch vor der „Volkwerdung" der Etrusker, ein blühendes Dorf, das eines Tages bei einem Erdbeben in den Fluten des Sees versank.

Castro – die Rache des Papstes

Wir verlassen die Gestade des Bolsenasees und fahren über Valentano wieder in südliche Richtung. Hier beginnt der Naturpark „Lemone del Selvaggio", ein Landstrich, der einst als die ödeste und verlassenste Gegend Etruriens galt, von der Schriftsteller wie Dennis im 19.Jahrhundert mit Schaudern berichteten. Das hat sich durch landwirtschaftliche Nutzung in den letzten Jahren teilweise geändert, aber wenig besiedelt ist das Land immer noch. Hier müssen, den Berichten einiger Leute aus Tarquinia zufolge, in den Wäldern und am Rand der Schluchten noch viele versunkene Orte ihrer Entdeckung harren – oder sie befürchten. Aber wir biegen ab nach Ischia di Castro und wollen weiter nach dem sagenhaften Ort Castro. Die zahlreichen Ausgrabungen, die dort gemacht wurden, lassen auf ein großes etruskisches Zentrum schließen.

Aber nicht nur das. Im Mittelalter setzte sich auf den versunkenen etruskischen Ort mit unbekanntem Namen, vermutlich unter Einbeziehung der etruskischen Reste, ein Städtchen, das bald Hauptstadt des blühenden Fürstentums Castro werden sollte. Doch die Fürsten von Castro bekamen mit der stärksten Macht des Mittelalters in Italien, dem Kirchenstaat, Konflikte. Nach der Ermordung des Bischofs von Castro, die man den weltlichen Herren in die Schuhe schob, kam das Strafgericht über die Stadt. Sie wurde von den päpstlichen Truppen gründlich zerstört, die Bewohner getötet oder vertrieben, und es erging der Befehl, dass Castro nie wieder aufgebaut werden dürfe. Das blieb so bis auf den heutigen Tag. Sehr zur Freude der „Clandestini", die noch genügend Beute in den Ruinen finden.

Wir machen uns auf die Suche nach der Ruinenstadt, finden aber zuerst nur eine wild zerklüftete malerische Landschaft, dicht bewaldete Anhöhen und eine kleine Kirche als christlicher Wallfahrtsort. Ausnahmsweise interessiert uns hier der monumentale, gegenüber der Kirche auf einer Anhöhe gut sichtbar emporragende, aus dem Felsen herausgemeißelte Altar aus der Etruskerzeit und die zahlreich in der Umgebung vorhandenen Nekropolen weniger. Dabei könnten wir uns gut vorstellen, wie hier vor diesem riesigen Altar, bei dem man heute noch seine schönen Reliefe erkennen kann, die Etrusker mit ihren Opfergaben standen, und wie sie hierher ihre Lämmer und vielleicht auch manchmal Rinder den Göttern als Gabe brachten..

Aber andererseits, wie selten hat man die Gelegenheit, eine zerstörte Stadt aus dem Mittelalter ungestört zu besichtigen! Gleichzeitig empfinden wir dieses Castro als Paradebeispiel dafür, wie schnell eine Stadt von der Wildnis überwuchert wird. Am Fuße eines Hügels steht ein Schild mit der Aufschrift „Qui fu Castro" (Hier war Castro).

Wir haben Mühe, den Aufstieg in die Ruinenstadt zu finden. Erst nachdem ich auf eine Gruppe deutscher Touristen stoße, die mit ihrem Anführer auf dem Weg zu dem Hügel sind, auf dem die Nekropole liegt, habe ich Gelegenheit, nach dem Weg zum mittelalterlichen Castro zu fragen. Nachdem der Leiter der kleinen Gruppe mir etwas widerwillig Auskunft über den Weg gegeben hat, keuchen wir in sengender Hitze durch hohe Gräser den Hügel hoch, denn einen markierten Weg gibt es nicht. Weiter oben geht es durch ein Getreidefeld mit Mohn und blauen Kornblumen, durch das ein Trampelpfad mittendurch führt. Wir folgen ihm, bis wir vor einem halb verschlossenen Gatter stehen. Ein dort angebrachtes Schild warnt uns vor unbefestigten Wegen durch die Ausgrabungen, vor offenen Gräben und dergleichen mehr.

Was wir vorfinden, ist ein Laubwald, zwischen dessen jungen Eichen und Buchen unzählige marmorne Trümmer von Palästen, schön geformte Blöcke, die vom zerstörten Dom stammen, und Reliefs von Grabplatten wild zerstreut herumliegen. Neben dem Weg klaffen teilweise tiefe Löcher der früheren Keller, vor denen man sich wirklich in Acht nehmen muss. Wenn wir hier – womöglich im diffusen Licht der Dämmerung – vom „rechten Pfad" abkommen und in einen dieser Kellerschächte fallen würden ... Nicht auszudenken! Das Schild am Eingang ist wirklich berechtigt!

Dabei wäre es kein Problem, dieses Castro auszugraben, denn der Lageplan ist bis in alle Details noch vorhanden. Aber es scheint ein

Fluch über dieser Stätte zu liegen, an der wir nie einer Menschenseele begegnet sind, denn die Raubgräber sind hier nur sehr verstohlen, dafür aber umso effektiver am Werk, wogegen sie auf der Ara della Regina bei Tarquinia kaum einen Hehl daraus machen, was sie suchen und auch finden.

Lago di Bracciano

An einem der anderen Tage machen wir einen Ausflug an den Bracciasee. Dieser Vulkansee liegt nur 30 Kilometer vor den Toren Roms und bildet die Grenze zur römischen Campagna. Noch sind wir auf etruskischem Gebiet, aber ein paar Kilometer weiter riecht es, um mit Asterix und Obelix zu sprechen, schon „streng nach Römern". Allerdings - hier wurden noch Gräber mit interessanten Grabbeigaben gefunden, u.a. die Puppe eines kleinen Mädchens, die ihre Besitzerin um Jahrtausende überlebt hat. Eine Puppe in dieser Art, aus Holz geschnitzt, mit beweglichen Gliedern, sollte Jahrtausende später die Hauptfigur eines weltberühmten Kinderbuches werden, dem „Pinocchio", der zum Markenzeichen der Toskana schlechthin wurde, aber seine Vorläufer wohl bereits bei den etruskischen Kindern hatte. Wir sind eine ganze Weile vorbei an schönen, mit Wäldern aus Zerreichen und Buchen bedeckten Hügeln gefahren, bis vor uns das Blau des spiegelglatten Sees auftaucht. Auf dem Weg hierher bemerken wir das kleine Holzschild, das den Weg zu einer versteckt gelegenen Trattoria weist, in der wir vor ein paar Jahren einmal an einem verzauberten Nachmittag Rast gemacht hatten. Wir haben damals die erstaunliche Geschichte einer Familie erfahren, die aus dem Nichts ein Paradies in einer Wildnis geschaffen hatte.
Fast ohne Geld hatte der Mann angefangen zu bauen. Die Steine zu seinem Haus suchte er auf den umliegenden Feldern zusammen. Manchmal fand er einen römischen Marmorblock mit einer oder mehreren Figuren darauf, hin und wieder ein etruskisches Antefix. Alles wurde in sein Haus eingemauert, und so entstand ein Unikat, das seinesgleichen sucht. Nach und nach hatten er und seine Söhne

das Haus fertiggebaut, die Inneneinrichtung Stück für Stück sich vom Munde abgespart, und es hatte ein Weilchen gedauert, bis er seine Trattoria eröffnen konnte. Seine Frau und seine Tochter sind gute Köchinnen, die nach alten römischen Rezepten kochen. Daher kommen immer mehr Leute aus der Umgebung, auch aus Rom, um hier zu speisen. Schöne Gemälde schmücken die Wände im Speiseraum. Jetzt ist das Lokal ein absoluter Insidertipp, und mittlerweile muss man unbedingt Plätze vorbestellen, um in den Genuss all der Köstlichkeiten zu kommen.

Wenige Kilometer weiter liegt in einem verwilderten Park ein römisches Nymphäum. Wir halten für einige Minuten und gehen ein paar Schritte auf dem verwachsenen Pfad zu dem Wasserbecken, wo im brackigen Wasser einige Blätter schwimmen.

Eigenartig, dass die römischen Hinterlassenschaften so leblos wirken im Gegensatz zu den etruskischen, deren Seele wir so deutlich spüren. Liegt es vielleicht am unterschiedlichen Glauben der beiden Völker? Die Etrusker waren der Meinung, dass ein Teil von ihnen nach ihrem Tod in ihren Gräbern oder in dieser Landschaft weiterlebt. Der römische Rationalismus machte eine solche Auffassung nicht so leicht möglich. Natürlich opferten auch die Römer den Göttern, aber für sie war ein Opfer ein Geschäft mit den Gottheiten auf Gegenseitigkeit. *„Opfere ich den Göttern, dann erwarte ich, dass sie mir helfen.“* So dachte der Römer. Er kam nicht auf die Idee, seinen Toten eine wohnliche Stätte einzurichten, obwohl auch er ihnen Grabbeigaben ins Jenseits mitgab. Aber wie viel davon war Routine, wie viel echter Glaube und Hingabe? Die großen römischen Grabmäler stammen aus der Zeit der Cäsaren. Und sie dienten hauptsächlich dazu, dem Toten ein Denkmal zu errichten, damit er bei den Lebenden unvergessen blieb.

Wir fahren weiter, bis sich das spiegelglatte, blaue Wasser des Braccianosees vor uns auftut. Es ist noch ein wenig wärmer als im übrigen Gebiet. Wenn im Winter das Thermometer im Hochlatium fast schon die Null-Grad-Grenze erreicht, so sind es hier immer noch 10 Grad Celsius. Wir parken unser Auto an der Seepromenade, die sich weit am Ufer des Sees hinzieht.

Peter lässt mich für eine halbe Stunde allein, weil er zum Friseur gehen will. Ich setze mich in eine Bar, um auf ihn zu warten, und lese ein Buch.

Vorher, während eines Spaziergangs durch den kleinen Ort mit den Überresten einer Burg, ist uns eine alte Dame mit äußerst gepflegten weissen Haaren in einem schwarzen Seidenkleid, die sich auf einen ungewöhnlich schönen, silberbeschlagenen Stock stützte und durch die enge Gasse bis zum Marktplatz ging, aufgefallen. Sie hat silbergraues, sehr gepflegtes Haar – eine Frau mit Stil und Grandezza. Kurz, nachdem ich mich in die Cafe-Bar gesetzt habe, kommt sie ebenfalls herein und nimmt am Tisch neben dem meinen Platz. Ich lese eine Weile.

„Zeit ist eine Illusion", sagt sie plötzlich. Ich blicke überrascht auf. Sie hat in einwandfreiem Deutsch den deutschen Titel meines Buches laut gelesen. „Oh, sie sprechen deutsch?", frage ich sie. „Ja," gibt sie zur Antwort, „ich war lange Zeit in Deutschland." So kommen wir ins Gespräch. Es ist selten, dass wir uns in dieser Ecke Italiens mit jemand in unserer Muttersprache unterhalten können. Sie war in der Gegend von Freiburg im Breisgau mit einem Deutschen verheiratet, hat die Kriegsjahre dort erlebt und erzählt uns von ihrem Schicksal.

Als ihr Mann nach dem Krieg starb, wollte sie wieder zurück in ihre Heimat, und dort ist sie nun. Ja, Zeit ist zumindest etwas Relatives, und das spürt man hier stärker als woanders. Und so vermischen sich Vergangenheit und Gegenwart einmal mehr in diesem verwunschenen Land.

Wir wollen jedoch wieder vom Braccianosee zurück in nördliche Richtung, obwohl dieser See unserer Seele gut tut mit seiner freundlichen Atmosphäre. Trotzdem zieht es uns stärker in das Reich der Etrusker, über dem trotz allem Sonnenschein immer ein geheimnisvoller Schatten zu liegen scheint.

Eine verschwundene Stadt

Eine wenig beachtete Straße führt zu dem gespenstischen Ort namens Faleri novi. Wenn ein Besucher die riesige Stadtmauer mit ihren vielen Türmen, ganz untypisch für etruskische Verhältnisse in einer Ebene liegend, ohne Vorwarnung das erste Mal sieht, glaubt er, auf ein antikes Kleinod zu stoßen. Neugierig wird er sich dem Stadttor, das eigentlich „la porta di Giove", das Jupitertor genannt wird, mit seinem wunderschönen Bogen nähern, wird den darüber eingemeißelten Kopf bewundern, der an den Arco etrusco, das etruskische Stadttor im 200 Kilometer entfernten Volterra erinnert – und wird seinen Augen nicht trauen, wenn er eintreten will.

Diese Mauern umgeben nämlich einen fast völlig leeren Platz. Einzig und allein eine verfallene Kirche und ein Bauernhof, dessen Hunde böse kläffen, beherbergen diese Steinwälle aus längst vergangener Zeit. Die Bewohner sind seit langem weggezogen. Vermutlich wurden aus den Steinen der Häuser später andere Gebäude errichtet, wie so oft im Mittelalter, wo man solche verlassenen Orte als Steinbruch benutzte.

Aber warum wurde die Stadt aufgegeben? Nun, römische Willkür oder auch Strategie hatte den in der Nähe auf einem Felsen gelegenen etruskisch/faliskischen Ort Faleri erobert, die Bevölkerung in der Ebene angesiedelt und ihrer neuen Stadt eine wehrhafte Stadtmauer gegeben. Dennoch war dieser Ort natürlich schlechter zu verteidigen als der ursprüngliche, so dass die Bewohner nach dem Zusammenbruch des römischen Weltreichs wieder in ihre alte Stadt auf dem Felsen zogen, die heute unter dem Namen Città Castellana (allerdings nur wenigen auslandischen Touristen) bekannt ist. Zurück blieb eine wehrhafte Stadtmauer mit sage und schreibe 50 Türmen, die meisten gut erhalten, und einigen Toren. Wir könnten diese Stadt zu Fuß umrunden, aber es fehlt uns die Lust dazu.

Dieser Teil Etruriens, der größtenteils von den Faliskern, einem kleinen, allerdings unter etruskischer Herrschaft stehenden indogermanischen Volksstamm bewohnt war, hat für mich mehr

Friedhofsatmosphäre als jede Nekropole. Er ist in zweifacher Hinsicht tot, denn kein Raunen und Wispern umgibt uns, sondern nur einfach – Leere. Die Seele fehlt, könnte man sagen. Wir vermissen sie, diese gestaltlosen Wesen, die uns allenthalben im alten Etruskerland umgeben! Aber warum finden wir sie hier nicht? Ich stelle mir wieder meinen Freund aus Merlins Reich vor und würde ihn gerne danach fragen. Aber auch ihn suche ich vergebens. Ich bin sicher, wäre ich jetzt am Bolsenasee, dann könnte er mir antworten.

Faleri novi - Haupttor mit Kopf des Jupiter, deshalb "Jupiter-Tor" genannt

Die noch zum großen Teil erhaltene Stadtmauer, aber die Stadt ist verschwunden...

Tuscania - Blick auf die Akropolis

Sarkophag-Figuren schauen den Besucher an (Museum in Tuscania)

Wie Adlerhorste sitzen die Orte auf ihrem Tuff-Felsen

La Città - die sterbende Stadt. Nur eine schmale Brücke verbindet sie noch
mit der Aussenwelt.

Norchia - die Nekropole

Norchia - Grab mit Resten von Bemalung

Käuze und andere Besonderheiten

An einem anderen Tag, zu einer anderen Zeit, machen wir gegen Abend einen Spaziergang durch Blera, jenen Ort, den wir als ersten entdeckt haben, da wir uns nach einer längeren Autofahrt noch die Beine vertreten wollen. Wir gehen am Ende des Städtchens einen Feldweg weiter, unter uns an einem Hang Gärten mit Nussbäumen und Reben, als uns plötzlich ein dunkelhaariger, stämmiger Mann zuruft: „Kommt doch herunter und trinkt mit mir ein Glas Wein!" Nachdem er seine Einladung noch ein bis zweimal wiederholt, beschließen wir, ihr Folge zu leisten. Er freut sich, schleppt ein paar verstaubte Holzstühle herbei, die er mit einer ebenfalls nicht sauberen Plane abzudecken versucht und bittet uns, in einer kleinen Laube Platz zu nehmen.

Dann holt er ein paar Gläser und schenkt uns aus einer großen Karaffe seinen hauseigenen Weißwein ein. Wir trinken ihm zu. Der Wein schmeckt köstlich, eigentlich so richtig nach vergorenem Traubensaft, ohne künstliche Zusätze. Natürlich hat er in seinem Garten einige Etruskergräber, die ihm als Weinkeller dienen. Stolz führt er uns in eine der dunklen Höhlen, damit wir selber in Augenschein nehmen können, wo der Wein lagert, den wir von ihm kaufen wollen. „Wart Ihr schon mal im Rom?" fragt er uns ziemlich unvermittelt. Wir bejahen erstaunt. Schließlich liegt Rom praktisch vor der Haustür. „Ich noch nie" erwidert er, „und ich werde dort auch nie hingehen! Was soll ich dort? Hier auf diesem Stück Land und in diesem Dorf wohne ich Zeit meines Lebens, und vor mir schon meine Großeltern und Urgroßeltern, und überhaupt alle meine Vorfahren. Es ist das schönste Stück Erde, das ich mir vorstellen kann. Warum soll ich dann woanders hingehen?" Wir verstehen ihn in diesem Augenblick sehr gut. Was haben wir schon alles gesehen, ohne irgendwo wirklich länger zu verweilen! Was nennen wir unser eigen? Ist er nicht sehr reich, und wir im Grunde genommen arm? Nein, wer hier geboren ist, der braucht nie wegzugehen.

Aber Blera hat noch eine Besonderheit, nämlich seine Cuniculi. So nennt man die Kanäle, die noch aus der Zeit der Etrusker stammen. Wer genau dort, wo wir damals das Dorf in Richtung ponte etrusco verlassen hatten, mit dem Absatz des Schuhs auf die Erde klopft, der merkt, dass der Boden hohl klingt. Hier begann der alte etruskische Ort, unter dem alles von unterirdischen Gängen und Kanälen durchzogen war.

Die Kanäle dienten zur Ableitung von Wasser, aber vielleicht waren auch Gänge dabei, die als Fluchtwege genutzt wurden. Der Phantasie sind auf diesem Sektor keine Grenzen gesetzt, zumal solche unterirdischen Gänge von keinem geringeren als dem römischen Schriftsteller Livius im Zusammenhang mit der Belagerung und Eroberung Vejis erwähnt werden. „Kundschafter hatten erspäht, dass der Felsen an mehreren Stellen von schmalen Gängen durchbohrt war. Die Bewohner der Stadt hatten sie früher einmal angelegt, wohl als heimliche Fluchtwege oder um ungesehen Wasser aus der in der Tiefe fließenden Cremera schöpfen zu können."

Die Stadt Veji lag ca. 40 Kilometer von Blera entfernt und wies dieselben geologischen Eigenarten auf wie alle Städte in diesem Tuffgebiet, das erst ca. 30 Kilometer vor Rom endet, wo dann die etwas öde römische Campagna beginnt. So kann man sich gut vorstellen, wie der Untergrund in ganz Inneretrurien von Gängen und Kanälen durchzogen ist.

Der größte Schatz ist in dieser Region ein guter alter Weinkeller, dessen Besitz man ängstlich vor Fremden hütet. Als wir nach einem Haus suchten, wurde uns in einem der benachbarten Dörfer eines angeboten. Aber wir hätten nur den oberen, den Wohnteil kaufen können, denn der Keller hatte einen anderen Besitzer. Und der dachte nicht im Traum daran, diesen zu verkaufen. Da wir ein Haus ohne Keller nicht wollten, suchten wir weiter und fanden schließlich eines, was unseren Vorstellungen entsprach. Aber mit welchen Verzögerungen der Kaufvertrag zustande kam, und wie man uns daran hindern wollte, den Keller, der verschüttet war, auszugraben, ja wie der örtliche Geometra uns weismachen wollte, dass dieses Haus überhaupt nie einen Keller gehabt hatte, das wäre der Stoff eines weiteren Buches. Ein Freund von uns, der wie wir aus Deutschland stammt und dort ebenfalls ein Haus kaufen wollte, bekam ebenfalls eines ohne Keller angeboten. Zwar riesengroß, mit mehr als neun Räumen, aber eben ohne Keller! Denn der gehörte wieder einem anderen, alteingesessenen Bürger der Commune.

Auch gute Bekannte führen einem erst nach längerem Zögern in ihre Weinkeller. Doch eines Tages haben wir die Ehre, einen dieser berühmt-berüchtigten Weinkeller besichtigen zu dürfen. Wir fragen aus gutem Grund, ob dort elektrischer Strom vorhanden ist, oder ob wir unsere große Stabtaschenlampe mitnehmen sollen. Sofort wird abgewehrt: Nein, nein, da sei genügend Licht, nein, nein, eine Taschenlampe sei völlig unnötig!

Als wir den Keller betreten, konstatieren wir erleichtert, dass der erste, relativ geräumige, fast wohnliche Teil noch mit elektrischem Licht ausgestattet ist. Aber wir haben uns zu früh gefreut, denn im Verlauf der weiteren Besichtigung bekommt jeder von uns eine kleine, schon oft benutzte, mickrige, unruhig flackernde Kerze in die Hand, mit der wir dann durch glitschige Gänge immer tiefer in den Tuff-Felsen hineingelangen. Leicht zu erraten, dass wir unsere Wanderung bald abbrechen, denn das Schummerlicht unserer Kerzen macht es uns fast unmöglich, zu sehen, wo wir gehen und stehen. Schließlich erfahren wir, dass niemand genau weiß, wo diese Gänge, die immer wieder vom Hauptgang abzweigen, überall hinführen.

Eins steht allerdings außer Frage: Es ist nicht erwünscht, dass wir allzu viel von dem unterirdischen Höhlensystem sehen.

Und so gehören gerade diese unterirdischen Felsenlabyrinthe, von denen die Einheimischen vieles wissen, aber wenig preisgeben wollen, zu den größten Geheimnissen dieses Landes.

Der Rasenna:

Endlich hat sie mich bemerkt. Ich habe so lange schon darauf gewartet. Jetzt wird es nicht mehr lange dauern, und ich kann zu ihr sprechen. Sie wird es zwar immer für eine Art Traum halten, aber sie wird sich daran erinnern können.
Ich habe ihnen so viel zu sagen, aber ich weiß nicht, ob die Götter immer zulassen, dass ich zu ihnen sprechen kann. Dabei spüren beide uns und unsere Welt, die immer da ist und immer um sie sein wird, überall, aber vor allem hier, wo wir gelebt haben. Es geht nichts verloren, niemals, denn alles steht geschrieben, was war und sein wird. Deshalb war uns auch die Schrift heilig, denn sie verleiht dem Macht, der das Wissen und Können hat, um sie zu beherrschen. Aber es ist keine Schrift notwendig, um das, was geschehen ist, festzuhalten. Es wird immer da sein und im großen Buch der Welt, die uns umgibt, unauslöschlich weiterbestehen. Wir Jenseitigen wissen, was wir als Diesseitige nur geahnt haben. Unsere Priester, und ein Teil meines Ichs war einer von ihnen, sahen die Stadt, die gegründet werden sollte, mit ihrem inneren Auge am Himmel schweben. Wenn sie keine Stadt an der Stelle sehen konnten, wurde auch keine gegründet. Die Stadt musste dann in unserer Wirklichkeit, in unserer Welt, Gestalt annehmen. Das geschah durch den heiligen Ritus der Stadtgründung. Der Priester zog mit seinem Krummstab, dem Litus, zwei Linien – eine von Norden nach Süden, die andere von Osten nach Westen. Nach diesem heiligen Achsenkreuz wurde dann gebaut.
Aber die Stelle, wo der Priester gestanden hatte, war der Mundus, der Nabel der Welt. Dort wurde eine Grube ausgehoben und mit Opfergaben gefüllt. Jedoch – es fehlte noch etwas, das die Stadt endgültig hier verwurzelte – der heilige Pflug, mit dem man die heilige Furche um die Stadt zog. Zwei weisse Ochsen mussten den Pflug ziehen. Die Stadtmauer, die über der Furche errichtet wurde, war die Grenze, unantastbar und heilig! Dort, wo die Tore errichtet werden sollten, hoben wir den Pflug an, denn die Tore

waren für die Menschen, welche die Stadt betreten würden, nicht für die Götter. So vermählte sich bei jeder Stadtgründung Himmel und Erde unter dem Schutz von Tinia, dem die Vermessung des Landes oblag.

Das war die Lehre, die später als disziplina etrusca auch bei den Römern galt. So kommt es, dass auch heute noch alle Städte, die auf diese Weise den Göttern geweiht waren, weiter bestehen, auch wenn sie dem menschlichen Auge nicht mehr sichtbar sind.

Das unheimliche Ferienhaus

Unsere Begeisterung für die Etrusker führte uns auf verschlungene Pfade. Nicht nur, dass wir durch einen Streit die südliche Felsgräbernekropole fanden, die Folgen dieses Streits brachten uns letztendlich auf die Idee, im Kernland der Etrusker einen Urlaub zu verbringen.

In einem Ferienkatalog, der mir ganz unversehens ins Haus flatterte, wurde die „casa etrusca" angeboten, nicht weit vom Bolsenasee, in einem der Nester, die verwegen auf ihren Tuffsteinfelsen ins Tal hinunterschauen. Der Beschreibung nach war das Haus zu einem großen Teil in den Tuff gebaut – im schönsten Teil des Ortes mit herrlicher Aussicht auf die umliegenden Hügel und Schluchten, dennoch mit allem Komfort, den der heutige Mensch braucht oder zu brauchen glaubt. Allerdings ohne Fernseher und ohne Telefon. Letzteres stellt aber im Zeitalter der Handys kein Problem mehr dar und auf den Fernseher können viele im Urlaub verzichten. Wir auch.

Wir buchten dieses Haus bereits im Februar, obwohl wir erst im Juni dort hinfahren wollten. Doch der Gedanke an diese – wie es im Katalog hieß – „casa etrusca" verfolgte uns während der ganzen Monate bis zu unserer Abreise. Lag das Haus mit dem wundervollen Panoramablick nun einsam auf einem Hügel oder wirklich im Ort? Panoramablick deutet auf Hügel – Fußgängerzone auf „zentral im Ort gelegen". Was hieß nun „am Ende der Fußgängerzone mit wundervollem Panoramablick?"

Die Erinnerung an diese Reise ist mir auch heute noch allgegenwärtig, wenn auch inzwischen schon einige Jahre vergangen sind. Ich sehe uns immer noch bei unserem Zwischenhalt in Arezzo, wo wir das Museum mit den endlosen Reihen von Bronzestatuetten und Arretiner Keramik, dem Tafelgeschirr der Römer, besichtigten, bis es uns vor den Augen flimmerte.

Ich weiß noch, wie wir in Chiusi das etruskische Museum mit seinen menschenköpfigen Aschenurnen besuchten und dann auf der

Landstraße am silbrig schimmernden Bolsenasee vorbei in Richtung unseres Ferienquartiers fuhren.

Ich nenne unseren Aufenthaltsort ab jetzt „Il Paese", um ihn vor allzu vielen Neugierigen zu schützen, denn die ganze Provinz Viterbo, „Tuscia" genannt, ist voll von malerischen Dörfern, die auf Tuffplateaus liegen. Und so könnte sich diese Geschichte überall dort abspielen, wo es Orte etruskischen Ursprungs gibt. Ich lehne mich zurück, schließe die Augen und fahre in Gedanken wieder auf der Straße, vorbei an Obstgärten, Olivenhainen, Weingärten, durch die Hügellandschaft mit ihrer Macchia, wo dazwischen der Ginster gelb leuchtet, denn es ist Anfang Juni, die schönste Jahreszeit in Mittelitalien, wo die Temperaturen noch erträglich und die Tage lang sind.

Wir sind schon eine Weile unterwegs, ohne ein größeres Anwesen zu erblicken und fragen uns allmählich, ob wir nicht einen Wegweiser übersehen haben, als die bewaldeten Hügel höher werden und näher zusammenrücken.

Jetzt sehen wir ein Ortsschild mit dem Namen unseres Dorfes, einige Häuser und eine Tankstelle – soll das etwa alles sein? Aber nein, nach der nächsten Biegung tut sich eine Schlucht auf, ein dicht bewaldetes enges Tal, links und rechts umsäumt von Felsen, und dann erscheint vor uns das Raubvogelnest auf seinem Tuff-Felsen – „il paese" – unser Feriendomizil aus zusammengewürfelten quadratischen, trapezförmigen, rechteckigen, kleinen und großen, sich aneinanderkuschelnden Häusern, fast alle aus bräunlichem Naturstein. Ein atemberaubender Anblick!.

Die kleine Landstraße macht nochmals eine Biegung, steigt leicht an und mündet in eine von Platanen umgebene etwas breitere Straße, die direkt zum Stadttor führt. Wir sind da! Wir stellen unser Auto ab und betrachten die phantastische, malerische Landschaft. „Ein zweites Pitigliano", murmelt mein Gefährte. Ich fühle mich gedrängt, „unser" Dorf zu verteidigen, denn Pitigliano war mir immer unheimlich. „Aber es ist kleiner und schöner, viel heimeliger", erwidere ich deshalb. An der Stadtmauer plätschert ein Brunnen. Blühende Lindenbäume umgeben ihn und verbreiten ihren herrlichen Duft.

Da es erst drei Uhr nachmittags ist, sind wir nicht sicher, ob die Schlüsselhalterin des Ferienhauses schon da ist, weil in der Buchungsbestätigung die Schlüsselübergabe erst ab vier Uhr nachmittags angegeben ist. Macht nichts, wir wollen zuerst einmal sehen, wo wir gelandet sind. Womöglich, oh Graus, ist das ein Dorf, in dem kaum mehr jemand wohnt, weil die Bewohner alle in einen angrenzenden, neu erbauten Teil gezogen sind, befürchte ich plötzlich. Ein großer viereckiger Glockenturm, unter dessen Tor hindurch wir in das Städtchen gelangen, erregt unsere Aufmerksamkeit. Dieser gedrungene Turm, dessen Uhr nie die richtige Zeit zeigt, ist Wächter und gleichzeitig Einlass in eine andere Welt, wie wir bald sehen werden. Unsere moderne Welt bleibt draußen, denn hier ist ein Mikrokosmos vergangener Zeiten.

Vollkommen unterschiedlich gebaute, teilweise ineinander verschachtelte, kubisch geformte Häuser, oft mit den orientalisch anmutenden Außentreppen, empfangen uns. Meine Befürchtung, ein halb zerfallenes Dorf anzutreffen, zerstreut sich zu meiner großen Erleichterung. Hier wohnen noch immer Menschen, die ihre Häuser liebevoll mit Blumen schmücken, wo blühende Ranken an den Mauern der Häuser hoch wachsen und an den Türen die typischen südländischen Vorhänge aus bunten Bändern herunterhängen.

Noch ist Siesta, daher sind wenige der Dorfbewohner unterwegs. Wir gehen ganz ungestört, der Wegbeschreibung folgend, die „Via Roma" weiter zum äußersten Ende des Felsplateaus, wo die Straße enger wird (wir überlegen, ob wir mit unserem Saab hier überhaupt hindurch kommen), bis wir dann am äußersten Ende des Felsplateaus stehen, das durch eine kleine ummauerte Plattform abgesichert ist.

Das tiefe Tal, welches sich zwischen den Felsen hindurch windet, scheint sich mehrere Kilometer weit dahin zu ziehen. Zwar rankt in den Schluchten die grüne Wildnis gleich einem Labyrinth aus Bäumen und Pflanzen, aber in die weit emporragenden Felsen hatten die Etrusker ihre Grabstätten gleich Wohnungen mit Türen und Fenstern eingemeißelt. Kein Zweifel, wir blicken auf ein Totental. Und rechts vor uns, als letztes Haus, da ist sie – unsere „casa etrusca"! Ein kleines Häuschen, liebevoll aus Natursteinen errichtet, mit schönem Bogen, der den Blick auf den Eingang freigibt und daneben eine große Terrasse, die jemand mit Geranien, Hauswurz, großen Töpfen mit Calla, Yukapalmen, Kakteen und Oleander geschmückt hat.

Oben ist nur ein Zimmer, so konstatieren wir, aber nachdem das Haus, wie wir wissen, aus drei Zimmern, zwei Bädern und einer großen Küche besteht, ist uns klar, dass der überwiegende Teil in den Tuff-Felsen hineingebaut wurde. Und da sehen wir auch schon die schmiedeeiserne Tür, noch wohl verschlossen, durch die eine etwas steile Treppe in das unterirdische Reich führt.

Diesen Anblick müssen wir zuerst einmal bei einer Tasse Cappuccino verdauen. Direkt vor dem Tor ist eine Bar. Sie ist noch im 20.Jahrhundert, also außerhalb des Dorfes. Hierher flüchten wir. „Dir ist schon klar, dass wir im ältesten Teil des Ortes wohnen werden", raunt mein Gefährte. Ich nicke und bemühe mich, nicht allzu beklommen dreinzuschauen.

Wir kommen mit dem jungen Mann an der Theke rasch ins Gespräch. Lächelt er nicht etwas wissend und seltsam, als wir ihm erzählen, wo wir unser Feriendomizil haben? Aber es hilft nichts, wir müssen uns, nachdem wir unsere Verschnaufpause beendet haben, auf den Weg zur Schlüsselhalterin machen. Wir finden sie rasch, denn mittlerweile hat sich der Ort belebt.

Überall sitzen Frauen, jüngere und ältere, vor ihren Häusern und geben sich der merkwürdigen Beschäftigung des Blumenzupfens hin, als ob sie zu einer riesengroßen Beerdigung rüsten wollten. (Als wir am anderen Tag allerdings die wunderschönen vielfarbigen Blumenteppiche auf den Straßen bewundern dürfen, wird uns klar, dass es sich um die Vorbereitungen zur Fronleichnamsprozession gehandelt hat). Die Blicke, die uns folgen, sind zwar neugierig, aber nicht unfreundlich und man ist auch sofort bereit, uns Auskunft zu geben, wo die Signora Fortuna wohnt.

Mit ihr, einer fülligen italienischen Mama in Kittelschürze und bereits ergrautem Haar, das sie zu einem Knoten gebunden hat, betreten wir dann wenig später das Haus. Sie führt uns durch die Räume, erklärt uns alles, macht uns mit der „Bomba", dem Gasherd mit der obligatorischen Gasflasche vertraut, aber anschließend führt sie uns in die Kellerräume.

Der erste Keller gleicht noch einer gemütlichen, wenn auch sehr verstaubten Taverne mit einem roh gezimmerten Tisch in der Mitte und wackeligen Stühlen, dann führt jedoch eine weitere Treppe in einen zweiten, kleineren Keller und eine dritte noch tiefer in einen Raum, in dem die Ähnlichkeit mit einem Verließ so deutlich ist, dass uns ein Schauer über den Rücken läuft. Da unten werden wir nie sitzen, das wissen wir sicher, auch wenn uns die Signora Fortuna versichert, dass hier der beste Lagerraum für Wein wäre.

Das Häuschen ist mit vielen altmodischen, teilweise schon wurmstichigen Möbeln ausgestattet, eine große Küche mit Essecke ist auch da, und nachdem wir keine Lust verspüren, bei nächtlichen Abstechern auf der Toilette oder morgendlichen Besuchen des Bades jedes mal die steile Wendeltreppe hinunterzusteigen, beschließen wir, im unteren Teil, einem kombinierten Wohn-/Schlafzimmer mit geblümten Polstersesseln, zu nächtigen. Durch ein Panoramafenster können wir einen herrlichen Blick auf die Schlucht genießen, was uns für den Verzicht auf den eigentlich schönsten Raum, das oben liegende Schlafzimmer, entschädigt.

Nachdem wir unser Auto durch die enge Straße laviert und unser Gepäck ausgeladen haben, beschließen wir, noch einen kleinen abendlichen Bummel durch den Ort zu machen und uns nach einer Trattoria umzusehen. Uns gegenüber befindet sich ein schönes großes Haus mit einer noch schöneren direkt auf die Schlucht gehenden Terrasse, von der uns zwei kleine Pudel aufgeregt anbellen. „Guten Abend", ertönt plötzlich eine freundliche Stimme in einwandfreiem Deutsch. „Sind Sie hier gerade eingezogen?" Wir zucken zusammen, als plötzlich wie aus dem Nichts eine alte hagere, sehr blasse Frau mit Wasserstoff gefärbtem blonden Haar und ein großer, ebenso hagerer alter Mann, dessen Gesicht fast nur aus einer langen Nase besteht, vor uns auftauchen.

Wir bejahen aber ihre Frage und die alte Dame fährt fort: „Wir sind nämlich Ihre Nachbarn und die Besitzer Ihres Ferienhauses. Wie gefällt es Ihnen denn?" Wir beeilen uns, zu antworten, dass es uns sehr gut gefällt und die Aussicht phantastisch ist. „Wenn Sie wollen, so kommen Sie doch herein, dann können wir Ihnen vieles über diesen Teil des Dorfes erzählen", schlägt sie vor.

Uns knurrt der Magen, denn wir haben den ganzen Tag, abgesehen von einem auch nicht sehr üppigen Frühstück, nichts gegessen. Also einigen wir uns darauf, dass wir ihnen nach dem Abendessen einen kurzen Besuch abstatten werden.

Zwei Stunden später sitzen wir bei den beiden alten Leuten in einer rustikalen Wohndiele an einem langem Holztisch und unterhalten uns über die Etrusker. Signore und Signora Montebusa wohnen eigentlich am Lago Maggiore, sind sehr begütert, und hatten, da mit sehr viel Sinn für Geschichte und dem notwendigen Wissen ausgestattet, eines Tages beschlossen, in diesem alten Etruskerdorf ein paar verlassene Ruinengrundstücke zu kaufen, um darauf ihr Altersdomizil zu bauen. Unsere „casa etrusca" sollte wahrscheinlich durch ihre Vermietung die Unkosten für beide Häuser tragen.

Wenn man weiß, wie schwierig solche Transaktionen in Italien sein können, ist einem auch klar, wie viel Geld und Einfluss dazu notwendig ist. Archäologen und Denkmalschützer hatten sich vorher mit den Grundstücken befasst. Es wurde festgestellt, dass auf diesem Grund und Boden in sehr alten Zeiten eine etruskische Burg oder Festung gestanden hatte. Der oberste Lukumone des Ortes hatte angeblich hier gewohnt, aber die unterirdischen Gewölbe hatten wohl als Vorratskammern oder Verließe gedient.

Langsam dämmert es uns, wo wir hier gelandet sind. Wollten wir wirklich so engen Kontakt mit den Etruskern? Nicht nur, dass dieses auf den ersten Blick so romantisch erscheinende Dörfchen offensichtlich eine nicht ganz geklärte etruskische Vergangenheit hat – wir sind mit großer Wahrscheinlichkeit auf dem Boden der ehemaligen Arx, und zwar dort, wo die unterirdischen Gewölbe und Verließe waren! Deshalb war uns so seltsam zumute, als wir das niedliche Häuschen sahen! Nicht das Mittelalter hat hier seine Spuren hinterlassen – nein, die Etrusker höchstpersönlich – in Reinkultur, nicht überdeckt von anderen Ereignissen der Geschichte! Und das in einer Landschaft, wo ihre Gegenwart auf Schritt und Tritt spürbar ist!

Stolz zeigt uns die Signora Montebusa, als sie uns später in unser Feriendomizil begleitet, ein Zeichen im Tuffstein an der Wand bei der Treppe, die in den Keller führt. Ein etruskisches Steinmetz - Zeichen soll es sein, behauptet sie. Es ist reichlich verwittert, und mit einigem guten Willen glauben wir, ein Ypsilon zu erkennen. Wie kommt es eigentlich, dass ein so sensationeller Fund einfach nicht bekannt gemacht wird, obwohl sich angeblich ein Archäologe damit beschäftigt hat? Nun, im Land der „Tangenti" ist so etwas wohl möglich, das nötige Kleingeld ist hier sicher vorhanden!

Einige Tage später erzählt sie uns, wie der Kauf dieses Ruinengrundstücks abgelaufen ist. An der Stelle, wo sich einst jene etruskische Burg erhob, vielmehr in ihren Kellern und Gewölben, hatten die Bewohner von „il paese" im Lauf der Jahrhunderte ihre Hühner und Schweine untergebracht. Aber es waren beileibe nicht nur ein oder zwei Besitzer, die sich dieses Grundstück teilten – nein, es war in über vierzig Parzellen aufgeteilt und es erschienen sage und schreibe über 40 Eigentümer beim Notar zur Verbriefung.

Ganz anders als seine geschäftige und aufgeschlossene Signora ist ihr Gatte. Deutsch spricht er überhaupt nicht, aber wir sprechen ja einigermaßen italienisch, also ist es nicht sehr schwer, auch mit ihm ins Gespräch zu kommen. Ja, erklärt er uns, er liebt diese Gegend mit ihren tiefen Schluchten, dem dichten Dschungel und den Gräbern in den Felsen sehr. Besonders, wenn es Abend wird, wenn beim Schein der untergehenden Sonne das Felsgestein eine rötliche Färbung annimmt und die Schatten länger werden, dann fühlt er sich den Etruskern dort im Tal der Toten ganz nahe. Er spricht mit ihnen und fühlt, dass sie ihn verstehen und rufen ...

Fast haben wir den Eindruck, dass ihm die Jenseitigen näher stehen, als wir Diesseitigen, die er manchmal kaum wahr nimmt. Auch wenn er noch etliche Jahre zu leben gedenkt – was bedeutet hier schon Zeit! „Da qui al eternità" – „Von hier in die Ewigkeit" - das steht auf einer Tontafel, die an der Stirnseite seines Hauses angebracht ist. Welch sinnvoller Spruch für einen alten Mann, der am Abend seines Lebens angekommen, sich in dieses Land zurückgezogen hat und dort vielleicht einmal seine letzte Ruhestätte finden wird!

Wenig später sind wir allein in unserer casa etrusca. Es war ein langer Tag und wir müssten eigentlich müde sein, doch der Schock über das, was wir vorgefunden haben, sitzt uns noch tief in den Knochen und lässt uns nur schwer zur Ruhe kommen.

Die Stille in unserem Häuschen täuscht nicht darüber hinweg, dass wir uns beobachtet fühlen. Es ist fast wie damals bei unserer Wanderung aus Blera hinaus zur „ponte etrusco" und doch anders. Die gestaltlosen Wesen, welche uns damals begleitet hatten, waren einfach da. Wir hatten nicht den Eindruck, dass sie sich viel um uns kümmerten. Doch hier fühlen wir viele Augen auf uns gerichtet, sehen Schatten im gedämpften Licht der Lampen, die nicht die unseren zu sein scheinen. Und wir hören leise Geräusche, die wir nicht einordnen können. Gleichwohl – wir müssen jetzt schlafen gehen. Es ist schon nach Mitternacht, und wir sind schließlich trotz unseres Forscherdrangs auch zur Erholung hier. Also suchen wir noch kurz das Bad auf, beziehen unsere Betten, und fallen hinein.

Trotz meiner Erschöpfung wache ich in der Nacht etliche Male auf. Ich sehe durch die Fenster mit den Moskitogittern das Mondlicht hindurch schimmern, höre die Geräusche der Nacht, die von den Tieren stammen, die sich im Flusstal aufhalten und denke an die Etrusker, die dort ihre letzte Ruhestätte gefunden hatten. Gegen Morgen schlafe ich dann endlich tiefer, um in der Frühe von der warmen italienischen Sonne geweckt zu werden.

Beim Frühstück, das wir in der geräumigen Küche einnehmen, erzählt mir mein Gefährte, der ebenso unruhig geschlafen hat und mehrere Male aufgestanden ist, einen merkwürdigen Traum: Er stieg die erste Treppe in den Keller hinunter, durchquerte die Taverne mit ihrem Tisch und den Stühlen, die wohl zum Verweilen bei einem Glas Wein einladen sollten, ging dann zur zweiten Treppe, die in den Zwischenraum führte und blieb im Traum wie angewurzelt stehen. Dort standen weißgekleidete alte Männer, zwölf an der Zahl, mit Fackeln in den Händen, die den Raum flackernd erleuchteten und schienen auf ihn zu warten.

Waren es die zwölf Lukumonen der etruskischen Stadtstaaten? Aber warum standen sie da und was wollten sie ihm sagen? Er drehte sich um, floh – die Treppe hinauf, zurück in die Wohnung – und wachte verstört und schweißgebadet auf.

Da wir uns schon lange kennen, weiß ich, dass er diesem Traum eine besondere Bedeutung geben wird. Ich selber, die ich nicht zu Visionen oder Wahrträumen neige, finde es immer wieder faszinierend, wenn jemand eine so starke Vorstellungskraft besitzt. Hier jedoch bin auch ich sensibilisiert. Ich empfinde diesen Ort als „herausgefallen aus der Zeit", ein Stück „Anderswelt", wo noch Lukumonen das Sagen haben und die Bewohner nur zur Tarnung die Dinge der modernen Welt benutzen.

Wer das Tor (übrigens die einzige Möglichkeit, „il paese" zu betreten), durchschreitet, lässt unsere Realität zurück und hält sich in einer Welt auf, die, wenn ihre Schwingung auch nur um den Bruchteil einer Sekunde von jener da draußen abweicht, eine andere ist.

Am Abend scheinen die Schatten nicht nur länger zu werden, sondern auch aus der Erde zu kriechen. Die Nacht gehört jenen, die lange vor uns da waren. Nach wie vor verdichten sich die Gestaltlosen in unserer casa etrusca am stärksten und nehmen fast schon greifbare Formen an. Ich beginne in diesen Tagen langsam zu begreifen, dass die alten Geschichten und Sagen im wahrsten Sinne lebendig werden können, wenn wie hier die Energien noch stark genug sind, um die Wesen aus der Vergangenheit zu formen. Nur eine hauchdünne unsichtbare Wand trennt uns von der anderen Realität, von jener Welt der Etrusker, die nie wirklich gestorben ist. Sie führt hier ein Schattendasein, das uns immer mehr bewusst wird.

Eines Nachts – ich bin schon zu Bett gegangen, aber Peter, diese Nachteule, ist noch wach und liest in einem Buch, als sein Blick zu der Tür fällt, die zum Keller führt. Er glaubt nicht richtig zu sehen, als sich plötzlich der Schlüssel wie von Geisterhand langsam im Schloss zu drehen beginnt. Gleichzeitig hört er dumpfe Schläge, die gegen die Tür hämmern. Mit aller Kraft beginnt sein Geist sich gegen diese Erscheinung zu wehren. Nach einer Weile hören die Schläge gegen die Tür auf. Auch der Schlüssel dreht sich nicht mehr. Er bleibt noch eine Weile wie betäubt sitzen, bevor er zu Bett geht.

Ich wache wenig später auf und sehe im fahlen Licht der abnehmenden Mondsichel einen unförmigen Schatten an der Wand. Im Dämmerzustand zwischen Wachen und Schlafen versuche ich festzustellen, welcher Gegenstand so einen Schatten werfen könnte, aber es will mir keine Erklärung gelingen. So liege ich lange, versuche wieder zu schlafen, bleibe aber gefangen in diesem merkwürdigen Halbschlaf, während auf einmal der Wind ums Haus zu heulen beginnt. Am anderen Morgen sind wir beide wie gerädert, erzählen uns aber unsere nächtlichen Erlebnisse nicht sofort, denn instinktiv erkennen wir, dass es besser ist, einige Zeit darüber verstreichen zu lassen.

Manchmal sitzen wir mit den Montebusas zusammen, die sehr wohl begreifen, dass wir die Schatten des Abends und der Nacht spüren. Wir reden über die Geschichte der Etrusker und wie sie letztendlich trotz oder gerade wegen ihrer hochstehenden Kultur, von den Römern besiegt wurden. „Man kann nicht zur Flöte tanzen, und gleichzeitig Eroberungskriege führen", solche und ähnliche Sätze las ich einmal in einem Artikel über die Etrusker und ihre Lust am Leben. Dennoch sind sie hier und hören vielleicht zu, wenn wir über sie reden ... Ich würde hier, in dieser Umgebung, auf keinen Fall etwas Abschätziges über sie sagen, denn ich glaube nicht, dass mit ihnen zu spaßen ist!

Neben unserem Haus sind die Ruinen eines weiteren Gebäudes, von dem nur noch Reste der Grundmauern zu sehen sind, in denen wir öfters herum klettern. Kleine, in den Fels gehauene Wassertröge, die vielleicht in grauer Vorzeit kultischen Zwecken dienten, machen uns klar, wie alt diese Mauern sind. Durch die Pflanzen, die sich zwischen den Trümmern und Pfützen angesiedelt haben, ist eine richtige kleine Miniaturlandschaft entstanden.

Die Signora Montebusa erzählt, dass sie dieses Grundstück ebenfalls gerne kaufen würde. Dann hätte sie das ganze Areal, auf dem die etruskische Festung einst stand. Was, so fragen wir uns, bewegt eine fast achtzigjährige Frau und einen schon über achtzigjährigen Mann ohne Kinder dazu, in einen solchen Kaufrausch zu fallen? Wollen die beiden, wenn sie tot sind, ebenfalls hier als Geister verweilen? Wir wissen es nicht und werden sie auch nicht danach fragen.

Uns haben die Wesenlosen in dem unheimlichen Ferienhaus jedenfalls nichts getan, aber viel gegeben. Wir sind noch einmal, ein Jahr später, wiedergekommen. Dann jedoch war unser Bedarf an Unheimlichem gedeckt, aber außerdem hatten wir noch andere Mitbewohner, die ich als wesentlich unangenehmer empfand.

Nicht nur, dass wir ständig unser Frühstück und das gelegentlich hier eingenommene Abendessen gegen wahre Heerzüge von Ameisen verteidigen mussten - nein, eines Abends, als wir gemütlich vor dem Kamin saßen, krabbelte uns ein kleiner schwarzer Skorpion, mit seinem Stachel am Schwanzende winkend, entgegen. Peter beförderte ihn auf einem Blatt Papier vorsichtig ins Freie, wo er dann grummelnd auf einem Felsen saß und offensichtlich Orientierungsprobleme hatte

Im zweiten Jahr jedoch saß eines Tages ein Skorpion an der Zimmerdecke direkt über unserem Bett. Der Gedanke, dass er womöglich auch **im** Bett sitzen könnte, brachte mich fast dazu, meine Koffer zu packen, um diesen Ort endgültig und zwei Wochen früher als geplant zu verlassen.

Von diesem Vorhaben rückte ich zwar schnell wieder ab, jedoch schenkten wir unserer Umgebung von diesem Zeitpunkt an erhöhte Aufmerksamkeit. Vor allem erfolgte immer eine genaue Untersuchung unserer Schuhe, was in dem Schlachtruf gipfelte *„Attenzione! Scorpione!"* Wir wurden zwar beschwichtigt, indem man uns mitteilte, dass Mittelmeerskorpione, allen voran die italienischen, harmlos seien und ihr Stich lediglich kleinere Hautirritationen nach sich ziehe, aber solche Begebenheiten nervten mehr, als die immer wieder spürbare Präsenz der Etrusker. Schließlich kamen wir zu dem Schluss, dass wir uns im Urlaub wenigstens teilweise auch erholen wollten.

Einen dritten Aufenthalt in der „casa etrusca" hat es nie gegeben, wohl aber in *„ il paese"*. Das kühlte natürlich unsere Beziehung zu den Montebusas auf die Temperatur eines Eiskellers ab. Sie, die Signora, die uns immer wieder angerufen hatte, wenn wir zurück nach Deutschland gekehrt waren, und den geheimnisvollen Satz *„Die Etrusker warten"* durch die Leitung geschickt hatte, konnte sich, ebenso wie ihr Mann, zwei Jahre später kaum mehr an unsere Namen erinnern.

Dafür konnten es andere, die wir dort kennen gelernt hatten, umso mehr, denn wir haben in den darauf folgenden Jahren so manche Bekanntschaft geschlossen und sind bis auf den heutigen Tag immer gerne zurückgekommen.

Zwei Jahre nach unserem letzten Aufenthalt in der „casa etrusca" lernten wir bei einem Besuch in „il paese" ein österreichisches Ehepaar kennen – er Schauspieler, sie Archäologin, die ihr Herz ebenfalls an „Tuscia" verloren haben und immer wieder hierher kommen. Sie hatten ebenfalls in der „casa etrusca" Quartier bezogen. Auch in diesem Fall war der Mann, als Schauspieler prädestiniert dafür, der Sensitivere zu sein, doch auch die Frau wurde vom Geist des Ortes mitgerissen, ob sie wollte oder nicht. Als Archäologin war sie natürlich hin- und hergerissen zwischen der Wissenschaft und ihren völlig „unwissenschaftlichen" Emotionen, aber wir spürten ganz deutlich, dass auch für sie die Etrusker mehr waren als eine wissenschaftliche Abhandlung, nämlich eine Erfahrung, wie bereits D.H.Lawrence in den dreißiger Jahren während einer Reise nach Etrurien feststellte. „Die Etrusker sind nicht tot – sie schlafen nur." Dieser Satz stammt von ihr, und wir konnten ihr nur von ganzem Herzen zustimmen. Zwar werden nie alle Menschen das gleiche erleben und empfinden, die sich dort aufhalten, aber ich glaube, die besondere Energie, die dort wabert und brodelt, spüren alle auf die eine oder andere Weise.

Casa Etrusca

Die Etrusker leben

„Sehen wir den Etruskern ähnlich?" So fragte vor einigen Jahren eine örtliche Touristenzeitung ihre Leser. Sie bezog sich auf einen Artikel in der französischen Zeitung „ Le Figaro", deren Berichterstatter eine geradezu frappierende Ähnlichkeit zwischen den heutigen Bewohnern der Provinz Viterbo, auch „Tuscia" genannt, und den Menschen auf den Fresken in den Gräbern von Tarquinia feststellten. Ebenso ging sie auf genetische Untersuchungen ein, die Antrophologen in einem kleinen Ort der südlichen Toscana namens Murlo an den dortigen Bewohnern vorgenommen hatten. Man hatte ihre Gene mit denen verglichen, die den versteinerten Knochen der Etrusker in den Gräbern entnommen worden waren und kam zu dem Schluss, dass die Menschen dieses kleinen Borgos direkte Nachkommen der Etrusker sind.

Allerdings rannten die Schreiber dieses Artikels bei uns offene Türen ein, denn nach der anfänglichen Trauer über dieses entschwundene Volk war uns bei genauerer Beobachtung und näherem Kontakt zu den Bewohnern von „Tuscia" urplötzlich die Ähnlichkeit so mancher lebenden Personen der Neuzeit mit den Gestalten der Antike ins Auge gestochen.

Wir waren erschüttert und begeistert über diese Entdeckung. Ein junges Mädchen in der Naturparkverwaltung eines Ortes in Inneretrurien hatte uns zum ersten Mal darauf gebracht. Ihre Gesichtszüge hatten eindeutige Ähnlichkeit mit der berühmten Statue des „Apollo von Veji"... Diese Götterstatue aus Terrakotta war 1916 bei den Ausgrabungen von Veji gefunden worden. Neben den Flügelpferden von Tarquinia und der Chimäre von Arezzo (der Löwe mit der Schlange als Schwanz und dem Ziegenkopf, der aus seinem Rücken herauswächst) ist für mich dieser Gott das schönste etruskische Kunstwerk. Ihn beschreibt Sybille von Reden in ihrem Buch „das versunkene Volk" sehr treffend:

„Diesen Gott aus goldfarbenem Ton mit dunklem, fast schwärzlichen Antlitz trennen Welten von der edlen, abstrakten Strenge der archaischen griechischen Apollogestalten, deren Züge in himmlischer Leere lächeln und deren Augen in die verklärte Schau der ewigen Gesetze versunken scheinen. Das Lächeln des etruskischen Apollo aber ist furchtbar. Hinter seinem schrägen Blick und den raubtierhaft emporgezogenen Lippen lauert die gnadenlose Grausamkeit des Kosmos....er ist der Ausdruck der unbegreiflichen Gewalten der Schöpfung, die in der wilden Kraft seines vorwärtsschreitenden Körpers beben".

Nicht das Vollkommene soll dieser Gott verkörpern, sondern die ewige Wandlung der Dinge. ***Das Ewige Werden im Kreislauf des Seins, geballt aus der Macht der Unendlichkeit.*** Die Vitalität des Volkes, aus dessen Schoß diese Künstler hervorgegangen sind, ist auf fast unheimliche Weise zu spüren. Und etwas von dieser Unmittelbarkeit des Ausdrucks hat überlebt. Es berührt den Besucher auf andere Weise als es griechische Statuen tun, denn die etruskischen Götter lassen in ihrer Unergründlichkeit mehr Fragen offen als sie beantworten ....

Warum sollten die Etrusker ihre Statuen nicht auch nach lebenden Vorbildern gemacht haben? Dieser etruskische Künstler hatte sehr wohl ein Modell, und zwar eines, das für die etruskische Weltanschauung besonders charakteristisch war. Warum kam so lange niemand auf die Idee, dass der Etrusker etwas ganz anderes ausdrücken wollte als sein griechischer Kollege? Auch die Tänzer in den Gräbern mit ihren tiefschwarzen Locken und den geschmeidigen Bewegungen – wer in diesem Landstrich mit offenen Augen unterwegs ist, wird immer wieder Menschen treffen, bei denen ein Etrusker „mein Bruder" oder „mein Freund" ausrufen würde, wenn er sie sehen könnte.

Seitdem die Gentechnik fortschreitet, kann man solchen Ähnlichkeiten natürlich viel besser nachgehen und es stellt sich heraus, dass für Mittelitalien der genetische Hauptstrang auf die angeblich verschwundenen Etrusker hinweist.

Nach solchen Überlegungen ist für mich der Besuch des kleinen Borgos Murlo Pflicht.

Dieses Dorf, ca. 25 km südlich von Siena, am Rande der „Crete", jener wild zerklüfteten Lehmhügel ohne Bäume und mit nur spärlicher Vegetation, liegt in einer bis auf den heutigen Tag sehr dünn besiedelten Ecke der Toskana. Inzwischen hat sich aber neben dem ursprünglichen Ort ein Touristendorf angesiedelt, das allerdings bemüht ist, sich den gewachsenen Strukturen anzupassen. Meine Ernüchterung ist jedoch groß, als ich zwei Reisebusse aus Deutschland erblicke, die auf einem Parkplatz gegenüber einem modernen Hotel mit Swimmingpool stehen.

Schon zuvor hat uns an der Hauptstraße nach Siena bei einer Raststätte ein Schild geschockt, das in großen Buchstaben verkündete: „Bienvenuto à Murlo, la terra etrusca". Als wir im Restaurant zu Mittag essen, werden wir von Mädchen bedient, die stark auf etruskisch zurechtgetrimmt sind. Toskanerinnen reinsten Wassers sind sie jedoch auf jeden Fall, denn statt des „K" sprechen sie ein merkwürdig gehauchtes „h". Das hört sich dann etwa so an: „Hoha hola è finito", was nichts anderes heißt, als dass Coca Cola (aus dem Zapfhahn) aus sei. Es ist dies tatsächlich eine toskanische Absonderlichkeit, die es den Bewohnern dieses Landstrichs schwer, wenn nicht unmöglich macht, ein „K" auszusprechen.

Die Sprachforscher vermuten, dass diese Anomalie, mit der sie sich von den restlichen Bewohnern Italiens unterscheiden, ein sprachliches Erbe der Etrusker ist. Wie auch immer – ich muss schmunzeln, weil ich diese Behauptung nun wirklich selber bestätigen kann.

Als wir in dem Hotel im Ortsteil „Vescovado di Murlo" nach Zimmern fragen, kommt die nächste Ernüchterung, als die Dame an der Rezeption auf meine sorgsam italienisch formulierte Frage nach Zimmern in reinstem Deutsch antwortet: „Sie können ruhig deutsch reden. Nein, leider haben wir keine Zimmer mehr. Durch die beiden Busse sind wir total ausgebucht." Sie erzählt uns, dass sie mit ihrem Mann, einem Italiener, schon seit einigen Jahren hier lebt und auch hier bleiben will. Ein jüngerer Mann, offensichtlich Italiener mit Deutschkenntnissen, der neben uns an der Rezeption stand, hat unserer

Unterhaltung interessiert zugehört. Ihm haben wir es letztendlich zu verdanken, dass wir in einem schönen Ferienbungalow für eine Nacht eine Bleibe finden, und dazu noch für einen moderaten Preis. Etruskische Liebenswürdigkeit oder Großzügigkeit? „Gehen wir Etrusker anschauen?" „Na, das erinnert ja an einen Besuch im Zoo!" Solche Überlegungen sind angesichts der Touristenbusse und der zurechtgetrimmten Ortschaften nicht ganz von der Hand zu weisen. Was bei den Toskanern immer wieder auf Verwunderung stößt, ist die Tatsache, dass vor allem die Deutschen ein so großes Interesse für die Etrusker hegen. Dabei gibt es hierfür keinen logischen Grund. In der Tat sehen wir auch auf dem Parkplatz vor der Stadtmauer Murlos überwiegend deutsche Autos.

Das eigentliche alte Murlo liegt sehr schön, umgeben von seiner mittelalterlichen Mauer, auf einem weithin sichtbaren Hügel. Dass hier trotzdem Menschen etruskischer Abstammung überleben konnten, ist vermutlich auf die vollkommene Abgeschiedenheit dieses Landstrichs vor dem Bau der modernen Straßen zurückzuführen. Zu unbedeutend erschienen den zahlreichen Eroberern wohl die paar Dörfer, die in dem unwegsamen Gebiet lagen. Abseits der großen Heeresstraßen konnte sich wie durch ein Wunder diese etruskische Enklave halten.

Sorgsam renovierte Häuser aus Naturstein umgeben einen schönen Platz, an dem sich auch das örtliche Museum und eine kleine Kirche befindet, zwei bis drei kleine Gassen, zwei Trattorien bzw. eine Pizzeria sowie ein kleines Albergho: Das ist Murlo zu Beginn des dritten Jahrtausends unserer Zeitrechnung. Der Ausblick auf die wunderschöne Hügellandschaft tut sein übriges, damit sich Besucher hier für eine Weile wohlfühlen können.

In der kleinen Trattoria mit der schönen Aussicht bedient uns ein junger Mann, der in der Tat seine etruskische Abstammung nicht verleugnen kann. Es ist weniger das tiefschwarze Haar und die dunklen Augen, als vielmehr seine Art sich zu bewegen, die an die Männer auf den etruskischen Fresken erinnert. Wer einmal diese kraftvolle und doch geschmeidige Art der Bewegungen gesehen hat, wird erkennen, was etruskisch ist und was nicht. Dazu die fast ein

113

wenig arrogante Freundlichkeit, die nichts von „Katzbuckeln" hält, - er ist ein Etrusker, wie er im Buche steht. Auch dem alten Mann, der außer ihm noch die Gäste bedient, ist diese gelassene Freundlichkeit zu eigen. Auch er unzweifelhaft ein naher Verwandter der alten Etrusker, wie wir sie von den Fresken in den Gräbern, von den Grabstelen und Sarkophagen kennen.

In der Nähe des Stadttores telefonieren zwei hübsche junge Mädchen mit schwarzen Locken und leicht mandelförmigen Augen über Handy offensichtlich mit ihren Freunden. Was uns jedoch auffällt, ist ihre helle Gesichtsfarbe, auch bei dem jungen Mann im Restaurant. Dabei haben wir schon Ende Juni und unsere Gesichter sind von der Sonne bereits kräftig gebräunt, ob wir es wollen oder nicht.

Diese Nachfahren der Etrusker scheinen keine Sonnenanbeter zu sein oder sich nicht oft im Freien aufzuhalten. Mir kommt in den Sinn, dass auf den Grabmalereien die Frauen stets mit weißen und die Männer mit rötlich braunen Gesichtern dargestellt sind. Könnte diese helle Gesichtsfarbe normal gewesen sein und nur durch den häufigen Aufenthalt im Freien sich in ein rötliches Braun verwandelt haben, wie bei allen hellhäutigen Menschen, wenn sie der Sonne ausgesetzt werden? Das würde sie dann erst recht von den übrigen Südländern unterscheiden, deren Haut viel stärker pigmentiert ist, als man es gemeinhin in unseren Breiten antrifft.

Woher stammt dieses alte Volk dann wirklich? Die sattsam bekannte Gretchenfrage nach der Herkunft der Etrusker, die seltsamerweise schon im Altertum gestellt wurde, taucht unwillkürlich wieder auf.

Unser Fazit: Murlo ist ein Vorzeigedorf, wird vom Tourismus vermarktet und ist zum Freilichtmuseum geworden. Schade! Was bleibt, ist eine herrliche Gegend und eine Handvoll Menschen, die ihre Gene auf wundersame Weise rein erhalten konnten. Da sind mir die alten Orte von Inneretrurien schon lieber. Wie bereits erwähnt, fanden wir dort mindestens genau so viel „etruskisches", wie in Murlo, aber natürlicher, lebendiger, ohne Tourismus und dessen Schattenseiten.

„Ihr müsst unbedingt Umberto di Grazia kennenlernen" empfiehlt uns Signora Montebusa gleich am Anfang unserer Bekanntschaft. „Er spürt die Etrusker nicht nur – er sieht sie auch." Also, mit anderen

Worten, dieser Umberto di Grazia ist ein Medium, dem es gelungen ist, in geistigen Kontakt mit den Etruskern zu treten. Nicht nur das – er ist auch davon überzeugt, dass er eines seiner früheren Leben als Etrusker in Etrurien verbracht hat. Aber wie kommt man an diese lokale Berühmtheit heran?

Im Süden läuft so etwas über Kontakte mit denen, die ihn schon kannten, als er noch ein kleiner Junge war und mit den anderen in den Nekropolen herumkletterte – immer auf der Suche nach Abenteuern, wie es auch anderswo bei Jungen ebenfalls üblich ist. Unser Freund Alfredo mogelt ein wenig, um ihn zu einer Begegnung mit uns zu bewegen. Da werden wir urplötzlich von Touristen zu Journalisten aus Deutschland. Aber wichtig ist für Alfredo, dass er uns den Gefallen tun kann, denn seine Gönnerin ist Signora Montebusa, die uns Umberto di Grazia so sehr ans Herz gelegt hat. Sie braucht er für weitere Bau-Aufträge, denn er ist ein junger aufstrebender Geometra.

Wir haben schon in Rainer Holbes Buch „Magie, Madonnen und Mirakel" von ihm, seinen hellseherischen Fähigkeiten und seinen Heilkräften gelesen, die über das Maß eines rein passiven Mediums weit hinausgehen.

Ein etwas massiger und leicht angegrauter Mann von ca. 50 Jahren wartet auf uns. Unangenehme Überraschung – er spricht weder deutsch noch englisch. Na ja, dann schlagen wir uns eben mit unseren Italienischkenntnissen durch! Eigentlich wollen wir in erster Linie von ihm wissen, was er von den Orten in Inneretrurien und ihrer Energie hält. Von seinen Antworten sind wir teilweise überrascht. Denn unsere Empfindungen sind oft diametral entgegengesetzt zu seinen, was die Lebensqualität mancher Orte angeht. „Du", sagt er zu meinem Lebensgefährten, „hast noch ganz andere Wurzeln in dieser Gegend, die du Etrurien nennst. Ob es dir passt oder nicht, deine Bindungen gehen auch auf das Mittelalter zurück, wo du dich oft hier aufgehalten hast"... Er selber, das betont er, war hier als Etrusker inkarniert, hatte mit Kriegen und Kämpfen gegen die Griechen zu tun. Seine hellseherische Gabe ist wohl ebenfalls ein Erbe der etruskischen Vorfahren.

Sie befähigt ihn unter anderem auch, archäologische Funde zu machen, denn er sieht an manchen Orten Szenen aus der Etruskerzeit mit alten Brunnen, Priestern, die aus dem Blut von geopferten Tieren deuten, ob die Zeichen günstig sind, und weiß in einem solchen Moment, dass sich hier ein Dorf befunden hat, mit einem alten Brunnen, Mauern, von denen noch Fragmente zu finden sein müssten – und er behält, wenn man nachgräbt, fast immer recht damit.

Seriöse Wissenschaftler haben sich mit ihm befasst und ihn zur Mitarbeit aufgefordert. Schwer verständliche physikalische Experimente haben über Jahre hindurch stattgefunden, um seine Fähigkeiten zu testen. Diese Versuche wurden unter seiner Anleitung auf andere Sensitive ausgedehnt, um die Orte festzustellen, an denen einst Etrusker gelebt hatten. Eine Wissenschaftlerin hatte ihn über drei Jahre hinweg auf seinen Erkundungsfahrten begleitet und ein Buch über ihre Erfahrungen verfasst.

Mittlerweile werden junge Sensitive, die Funde unter der Erde aufgespürt haben wollen, vom archäologischen Institut zu Umberto di Grazia geschickt. Erst, wenn er ihre Informationen bestätigt, werden diese Sensitiven akzeptiert.

Es ist vier Uhr morgens, als wir uns von ihm verabschieden. Wirklich eine interessante Persönlichkeit! Schließlich, wer trifft schon jeden Tag einen waschechten Etrusker! „Etrurien soll leben", das wünsche ich mir ganz spontan nach diesem Treffen. Und wie es lebt!

Ich habe Umberto di Grazia nach neun langen Jahren wieder getroffen. Mittlerweile war sein vorher nur mit Silberfäden durchzogener lockiger Haarschopf schneeweiss geworden, aber das Feuer in seinen Augen, die übrigens merkwürdigerweise von einem intensiven Grün sind, ist nicht erloschen. Ich frage ihn, ob er damit einverstanden ist, dass ich ihn in meinem Buch erwähne. Erfreut stimmt er zu. Schließlich, so denke ich mir, kann sich damit nur sein Bekanntheitsgrad steigern.

Er besitzt in einem der Außenbezirke von Rom eine sehr schöne Wohnung und führt mich in eine geräumige Bibliothek, wo natürlich auch der heutzutage unvermeidliche Computer steht. Stolz zeigt er mir im Internet die Ergebnisse seiner jüngsten Ausgrabungen. Leider habe ich nicht die Zeit, mir alles in Ruhe anzuschauen, denn ich will mich ja auch noch ein wenig mit ihm unterhalten.

Dieses Dreieck namens Tuscia, zwischen dem Bolsenasee, Tarquinia und Viterbo, ist nach seinen Erkenntnissen ein Gebiet, das von den starken Energien, die sich dort unter der Erde befinden, gleichsam unter Verschluss gehalten wird. Wer mutwillig oder aus Unkenntnis dort eindringen will, wird nicht nur zurückgedrängt, nein, es kann ihm passieren, dass sich dort etwas um ihn manifestiert, ihn begleitet und auch behindert. Sehr viel Freude wird er damit nicht erleben.

Ich verstehe sehr gut, was er meint, und das nicht nur, weil ich seine Sprache jetzt besser spreche. Auch wir haben die Erfahrung gemacht, dass diese alten Etrusker oder etruskischen Energien ganze Orte so sehr abschirmen, dass sogar die Menschen dort nicht den geringsten Wert auf irgendwelche Besucher legen, sondern sie schlichtweg als Eindringlinge empfinden. Ich denke da an ein kleines Borgo namens Civitella Cesi, von dem aus nur ein staubiger Feldweg ins Nirgendwo führt. Wir hatten jedenfalls keine Lust, dort weiterzufahren, sondern sind wieder ins gastlichere Blera zurückgekehrt.

Er lächelt, als ich ihm dieses Erfahrung schildere und gibt mir recht. „Im Untergrund, tief unter der Erde, da sind ganze Städte, Tempel, Seen. Schon seit vierzig Jahren widme ich mich dieser unterirdischen Welt."

Jetzt bin ich sprachlos, fast ungläubig und dennoch mehr als fasziniert. Er hebt resigniert die Schultern. „Aber schließlich muss ich auch von etwas leben, und so veröffentliche ich, vor allem in den USA und England, Artikel und Bücher. In Deutschland finde ich leider für meine Forschungen kein Interesse". Wir verabschieden uns als Freunde, nicht ohne zu vereinbaren, dass wir uns bei meinem nächsten Aufenthalt in Etrurien in „il paese" wieder treffen.

In der Nähe der Provinzhauptstadt Viterbo, in die alle zu fahren scheinen, wenn sie etwas zu erledigen haben, seien es größere Einkäufe oder wichtige Behördengänge, liegt der Bulicame, eine der vielen heißen Quellen, mit denen Italien, dieses vulkanische Land, schon seit jeher Kranken und Erholungsbedürftigen aufwartet und Heilung oder doch zumindest Linderung von den unterschiedlichsten

Leiden verspricht. Neben dem offiziellen Bad sprudelt ein Teil der Quellen auch außerhalb und versorgt die Ärmeren, die den Eintritt nicht zahlen können oder nicht zahlen wollen, mit seinem heilenden Wasser, das dort über 60 Grad heiß aus der Erde tritt und das sie in Kanistern und Eimern mit nach Hause nehmen.

Eine der wenigen Sagen über die Etrusker hat mit dieser Quelle zu tun. Dort in die unterirdischen Felsengrotten, die das Wasser des Bulicame geschaffen hat, sollen, so die Erzählung der Leute in Tuscia, die noch verbliebenen Lukumonen hineingegangen sein, als ihr Volk die letzte Schlacht gegen die Römer verloren hatte. Eine weitere Hommage an die etruskische Erde, die zu Beginn das göttliche Kind namens Tages hervorgebracht hatte und am Ende der etruskischen Geschichte ihre Kinder wieder zu sich holte?

Die Kräfte der Erde, die tellurischen Ströme sind hier ungeheuer stark. Formen sie auch heute noch durch die Gedanken ihrer ehemaligen und heutigen Bewohner die schemenhaften Gestalten, die uns in manchen Nächten begegnet sind? Das würde sich mit den Aussagen von Umberto di Grazia decken ...

Es ist die Energie, die sich in den Gräbern aufhält, die durch die nächtliche Landschaft wabert und einem erschreckt zusammenfahren lässt, wenn urplötzlich etwas raschelt – eine Schlange, ein Skorpion, vielleicht nur eine Eidechse? „Die Schlangen und die Eidechsen sind die Wächter der Gräber" so die Meinung der Einheimischen. Wie, wenn diese Energie imstande ist, Kraftfelder zu erzeugen, die sich als Tiere manifestieren? Vielleicht kommt dieser Gedanke in einer Sehenswürdigkeit zum Ausdruck, die weit über die Grenzen Latiums hinaus berühmt geworden ist, nämlich in einem kleinen Ort, fast schon an der Grenze zu Umbrien, in Bomarzo ...

Bomarzo – Park der Ungeheuer

Bomarzo wird von einer Orsiniburg überragt, um die sich die bräunlichen, zusammengewürfelten Häuser mit ihren engen Straßen scharen. Ein Dorf wie viele in Latium, wenn da nicht der „Park der Ungeheuer wäre!

Der Park der Ungeheuer – das ist eine sehr reißerische Bezeichnung für eine Attraktion, die man früher „bosco santo" den „heiligen Wald" nannte. Ein Park mit vielen Statuen aus Sagen und Märchen, einigen Fabelwesen und vielen Anspielungen auf die Etrusker. Wie könnte man es hier auch anders erwarten!

Ein Fürst Orsini hat ihn im 16.Jahrhundert anlegen lassen, um, wie behauptet wurde, nach dem Tod seiner geliebten Frau sein Herz zu erleichtern. Nach seinem Tod war diese merkwürdige Hinterlassenschaft noch lange bekannt als ein Park der Monster, aber auch der Rätsel. Ende des 19.Jahrhunderts geriet das Erbe des Orsinifürsten mit der Zeit im Vergessenheit. Die Skulpturen versanken zum großen Teil in der Erde oder wurden von der dichten Vegetation überwuchert, bis dann im 20.Jahrhundert ein Mann namens Bettini nach seiner Pensionierung auf der Suche nach einer sinnvollen Tätigkeit den inzwischen völlig verwahrlosten Park mit wenigen finanziellen Mitteln erwarb, die alten Skulpturen wieder instand setzte, neue Wege anlegte und alles tat, um die schöne Parklandschaft wieder der Wildnis zu entreißen. Der Eintritt ist nicht gerade billig, aber wir akzeptieren das, denn schon vor Jahren haben wir von diesem Park gehört, wussten aber lange Zeit nicht mehr, in welcher Ecke Italiens wir danach suchen müssen. Beim Studium eines Dumont-Reiseführers sind wir dann doch wieder darauf gestoßen.

Der Park liegt am Rande von Bomarzo, inmitten der dicht bewaldeten Höhenzüge mit ihren Felskämmen, die eine fast kreisrunde Talsenke wie ein natürliches Amphitheater umschließen. Allein schon bei diesem Anblick halten wir eine Weile lang fasziniert inne, aber wir wollen ja schließlich den „heiligen Wald" besichtigen.

Wir gehen vorbei an einer Koppel mit Streicheltieren – wohl ein Zugeständnis des Besitzers an seine kleinen Gäste – stehen vor einer Mauer mit fünf Zinnen und einem Tor mit Rundbogen, nachgebildet den etruskischen und römischen Toren, und betreten dann den „heiligen Wald".

Gleich am Eingang begegnen uns zwei Sphingen, jeweils auf einem Sockel kauernd. Es sind keine ägyptischen Sphinxen, sondern solche, die man auch heute noch aus der Zeit des Klassizismus überall in Europa findet. Ich kenne solche Skulpturen auf Friedhofsmauern sitzend... Gleichwohl - die Sphinx deutet stets ein Geheimnis an, war sie doch laut der antiken Sage ein Wesen, das sich in Ägypten auf dem Weg nach Theben jedem Wanderer in den Weg stellte und ihm ein Rätsel aufgab. Also soll dieser heilige Wald vielleicht dasselbe tun. Wir folgen dem ausgewiesenen Pfad zur linken vorbei an etwas verwitterten Götterfiguren. Wir haben keine Mühe, in ihnen die Hauptgötter der Römer, Saturn und Jupiter zu erkennen..

Auf einer kleinen Säule blickt uns eine dreiköpfige Göttin an. Am Ende des Weges, dort wo der Wald bereits dichter wird, sehen wir die erste Hauptfigur – ein Seeungeheuer, das ein alles verschlingendes Maul aufreißt und auf dem Kopf eine Erdkugel trägt, auf der sich ein Schloss erhebt. Ein Stück weiter weg liegt auf einer Lichtung der Rest eines Tempels oder Mausoleums, halbiert und am Boden zerstört. Es soll, soviel ist uns klar, einen etruskischen Tempel darstellen, mit den Resten eines Reliefs.

Wir gehen weiter und sehen uns einer Statue gegenüber, die, Herkules darstellend, einen Riesen zerreißt. Eine Sage aus der griechischen Antike. Der etwas grausame Anblick wird gemildert durch einen kleinen Wasserfall, der unmittelbar daneben hernieder rauscht.

Wir begegnen einer großen, grün bemoosten Schildkröte, auf deren Panzer eine Siegesgöttin thront. Die Schildkröte ist ein bedächtiges, eher langsames Tier, das sich aber durch seine Beharrlichkeit auszeichnet. Freie Interpretation von mir ist, dass die Geduld und die Beharrlichkeit stets den Sieg davontragen werden, auch wenn der Abgrund in Form eines Walfisches, der alles zu verschlingen droht, sich auftut. In der Nähe bäumt sich ein geflügeltes Pferd, der griechische Pegasus auf, sein Blick richtet sich zum Himmel empor. Soll dies den geistigen Höhenflug bezeichnen, der uns letztendlich in höhere Sphären führt, aus denen wir oft schwer oder gar nicht mehr auf den Boden der Erde zurückfinden? Schließlich ist der Pegasus der griechischen Sage nach dem Willen der Götter als Sternzeichen ins Weltall entrückt worden.

Einige Skulpturen, die wir nun vorfinden, geben Rätsel auf, die nicht so leicht zu lösen sind. Eine Skulptur erinnert an einen Panzerturm, aber damals gab es noch keine Panzer! Die alten Bäume rauschen über uns, obwohl es nahezu windstill ist. Einige temperamentvolle italienische Kinder rennen kreischend an uns vorbei – gottlob kommt keines auf die Idee, etwa den Rücken der Schildkröte zu besteigen oder sich auf den imaginären Panzerturm zu setzen. Ein schönes Nymphäum empfängt uns mit drei sich umarmenden Grazien, daneben ein Springbrunnen mit zwei Delphinen. In einer kleinen Grotte steht auf einer Muschel die Göttin Venus mit den Gesichtszügen einer Etruskerin. Eine Hommage an die Etrusker, denen die Römer vieles von ihrer Kultur zu verdanken haben? Wir wandern weiter zu einem kleinen antiken Theater, dessen Stufen von Gras überwuchert sind und kommen zu einem schiefen Haus, durch das man dem Vernehmen nach früher in den Park gelangte. Wahrscheinlich betrat man das Gelände durch den Bogen, der das Haus mit der Mauer verbindet, die den Park umgibt. Unwillkürlich werden wir an ein anderes schiefes Gebäude erinnert, den schiefen Turm von Pisa. Immer wieder stoßen wir auf Delphine. In der Antike waren sie Begleiter der Toten ins Jenseits, wir kennen sie von zahllosen Abbildungen der Etrusker. Wir erinnern uns an die Sage von den etruskischen Piraten, die den Gott Dionysos gefangen nahmen. Zur Strafe verwandelte er sie in Delphine.

Vorbei an einer schlafenden Nymphe und der Göttin Ceres, Sinnbild der Fruchtbarkeit, stehen wir plötzlich vor einem Elefanten, der mit seinem Rüssel einen römischen Soldaten in tödlicher Umschlingung hält. Die Elefanten Hannibals und die letzte Hoffnung der Etrusker, nochmals das Rad der Geschichte zurückzudrehen? Aber der Drache, das Symbol für die Kräfte der Erde und der Zeit, hat dann doch

121

anders entschieden, denn die Geschichte wiederholt sich zwar, aber die Zeiträume dazwischen sind sehr groß, gemessen an der Lebenszeit von uns Menschen.

Als wir nach rechts blicken, sehen wir jene Skulptur, die diesem Wald auch den Namen „Park der Ungeheuer" gegeben hat. Es ist der „Orcus", der überdimensionale Kopf eines Menschen, der den Mund zu einem lautlosen Schrei aufgerissen hat. Treppen führen in sein Inneres, wo ein Tisch und eine Bank aus Stein zur Rast einzuladen scheinen. Dieses zu einer Fratze verzerrte Gesicht ist eigentlich die einzige unheimlich wirkende Skulptur in diesem Zaubergarten. Die anderen sind geheimnisvoll, lassen der Fantasie Spielraum, sind jedoch nicht furchterregend. Orcus, der alles Verschlingende – soll er die Kräfte symbolisieren, die alles verschlingen, wenn nach dem Ratschluß der Götter ein Zyklus vorüber ist?

Viele riesengroße Vasen säumen unseren Weg. Der Begriff „Vase" ist verkehrt – handelte es sich doch in der Antike dabei zum großen Teil um Vorratsgefäße! Wir kommen nun zur „etruskischen Bank", die Nachbildung einer Kline, die den Etruskern bei ihren Banketten als Ruhestätte diente. Was soll immer wieder diese Anspielung auf die Etrusker? Ich ruhe mich jedenfalls dort aus. Sie ist bequem – diese etruskische Bank, und ich werde darauf mit einem Foto verewigt.

Vorbei am Zerberus mit seinen drei Hundeköpfen, dem Wächter des Hades, vorbei an der Göttin der Unterwelt, mit ihrem schönen, hoheitsvollen Gesicht, das ebenfalls mehr etruskisch als römisch anmutet, treffen wir auf ein Wesen mit Delfinschwanz, angeblich eine der Furien, neben der zwei Löwen liegen, unverkennbar ebenfalls etruskischer Provenienz und gelangen zu einem Tempel, der bei näherem Hinsehen aus verschiedenen Stilelementen zusammengesetzt ist. Natürlich atmet hier alles den Geist des 16.Jahrhunderts und ist daher nicht antik sondern nur antikisierend. Aber dieser Tempel mit seiner Kuppel, die an jene alles überragende von Santa Maria del Fiore in Florenz erinnert, und seinen Laubengang mit den tuskischen Säulen fasziniert uns am meisten, gerade weil er von den anderen Werken völlig abweicht. Wir erfahren, dass Orsini ihn erst 20 Jahre später zur Erinnerung an seine verstorbene Frau gebaut hat. Eine

Gedenktafel in seinem Innern weist uns daraufhin, dass die Frau des jetzigen Besitzers bei den Instandsetzungsarbeiten dieses Tempels, als sie einen unterirdischen Gang erforschen wollte, ums Leben kam. Merkwürdig, schon zum zweiten Mal bewahrt dieser Tempel die Erinnerung an eine Tote!

Wir denken nach Verlassen des Parks noch lange darüber nach, was jener Fürst Orsini der Nachwelt mit seinen Skulpturen sagen wollte. Zu diesem Zeitpunkt wissen wir noch nicht, dass Gelehrte, Schriftsteller und Künstler lange vor uns ebenfalls gerätselt haben, was es mit diesem heiligen Wald auf sich hat. Die Erklärungen waren in der Vergangenheit so zahlreich wie die Skulpturen selber. Ließ hier einfach ein Exzentriker seiner Lust am Gestalten freien Lauf? Ein versponnener Sonderling? Wir erfahren von ihm, dass er sich lieber in die Einsamkeit seiner latinischen Wälder zurückzog, als in Gesellschaft des Adels in Rom zu verweilen. Hat er vielleicht etwas gefunden, das er vor aller Augen verstecken wollte, indem er seinen Zauberwald schuf? Wir betrachten nochmals nachdenklich dieses natürliche Amphitheater, das uns schon am Anfang unserer Besichtigungstour aufgefallen ist und wissen, hierher werden wir noch öfters zurückkommen.

Gedanken des Rasenna:

*Hier glaubten schon viele, das Heiligtum unseres Volkes zu finden.
Aber sie vergessen, dass sich die Landschaft im Laufe der vielen
Saeculae, die seitdem vergangen sind, verändert hat. Gleichwohl
– es könnte hier gewesen sein, denn unser Nachkomme, der
Fürst, hatte einen Traum, den er hier verwirklichen wollte. Er hat
mit diesem heiligen Garten etwas geschaffen, das es uns leichter
macht, von seiner Welt in unsere zu wechseln. Die vielen Gräber
im Umkreis des alten Ortes, den wir gegründet hatten, halfen uns
dabei. Der Tempel, den er bauen ließ, steht an heiliger Stätte. Schon
zu unserer Zeit wurde an dieser Stelle den Göttern geopfert. Es ist
dort etwas, das Euch Heutigen Angst macht, denn dieser Platz holt
sich immer wieder seine Opfer. Die Götter wollten, dass die Fürstin
in jungen Jahren starb, und zu ihrem Gedenken baute der Fürst
den Tempel, aber auch in Gedenken an uns Rasenna, da er sich als
unser Erbe fühlte. So kam es, dass die Frau des jetzigen Besitzers,
der hier ebenfalls eine Vision Wirklichkeit werden ließ, gerade an
dieser Stelle tödlich verunglückte, als sie einen unterirdischen
Gang unter dem Tempel betrat. Die Götter fordern ihre Opfer. Das
solltet ihr wissen, die ihr in Euren schnellen Wagen ohne Pferde
auf Straßen fahrt, ohne an die höheren Mächte zu denken, und
meistens, ohne sie um ihren Schutz zu bitten!*

Das schiefe Haus
in Bomarzo - eine
schiefe Sicht der
Dinge?

Einer der Eelefanten
Hannibals tötet einen
römischen Krieger

125

Veji – es gab kein morgen

Ein fast zwei Tage währendes Unwetter hat uns in „il paese"
heimgesucht, in jenen Frühsommertagen des Jahres 1994. Die Götter
der Rasenna haben uns etwas mitgeteilt, was wir zum damaligen
Zeitpunkt noch nicht verstehen. Gleichwohl ist es eine fast mystische
Erfahrung, dieses ortsfeste Gewitter, bei dem uns – Tinia sei Dank
– jedoch kein Haar gekrümmt wurde. Am zweiten Tag gegen Abend
fahren wir zum Meer, noch immer begleitet von Donnergrollen. Dort
angekommen, finden wir jedoch am alten etruskischen Hafen Sonne
und Wärme vor, als ob nichts gewesen wäre. Wir erholen uns, auf
jenen Überresten der Hafenmole sitzend, von den Schrecken der
Nacht, während die Wellen des Meeres immer wieder an die alten
Steine klatschen. Auch hier finden wir inmitten von vielen Steinen
und Muscheln immer wieder Scherben von alten Gefäßen, die
vielleicht von der Ladung versunkener Schiffe stammen, Schiffe,
die bei Unwettern wie diesem von heute Nacht, nur tausende von
Jahren früher, untergingen – wer weiß! Am Abend fahren wir zurück
nach il paese, wo uns auf 350 Metern Höhe eine fast wortwörtliche
Grabeskälte empfängt. Unglaublich, wie ein solches Gewitter die
Temperatur auf frostige 10 Grad senken kann, und das mitten im
Frühsommer! Wir verkriechen uns buchstäblich in Emilios Trattoria,
wo das knisternde Kaminfeuer für behagliche Wärme sorgt – leider
nur, wenn man unmittelbar davor sitzt!

Am nächsten Tag ist es immer noch kühl, aber die Sonne zeigt sich
wieder zwischen den grauen Wolken, die zwar langsam abziehen,
aber dennoch trotzig immer wieder weitere unfreundliche Nachzügler
schicken. Ich weiß eigentlich auch nicht, warum ich ausgerechnet
an einem solchen Tag nach Veji fahren will. Aber plötzlich steht der
Wunsch im Raum und lässt sich nicht mehr wegschicken. Also fahren
wir los.
So viel hatten wir vom Untergang der Stadt Veji gehört. Der Sage
von Troja nachempfunden war von einer zehnjährigen Belagerung

die Rede. Verrat war im Spiel, List wie auch bei der Eroberung von Troja. Das trojanische Pferd war in diesem Fall ein etruskischer Priester, der – in Trance verfallen – einen eigenartigen Singsang anstimmte, den die Römer zu Ohren bekamen, und in dem der Priester die eigenartigen Worte sprach: „Nicht wird Veji überwältigt werden, bevor nicht die Wasser des Albaner Sees abgelassen sind". Die Römer, hellhörig geworden, wollten näheres wissen und erfuhren, dass jener merkwürdige Alte ein Haruspex war, einer jener Priester, kundig in der Leberschau. Eine Kunst, die in diesen Zeiten vor allem die Etrusker vollendet beherrschten. Den Belagerern gelang es, seiner habhaft zu werden, und er, ganz und gar Etrusker, konnte und wollte nicht widerrufen, was er in Trance gesprochen hatte. Schließlich war es der Wunsch der Götter, dass er dies offenbarte. Nach seiner Unterweisung fanden die Römer einen verborgenen Gang, der durch Schlick und Geröll verstopft war und das Wasser des Albaner Sees, mit dessen Drainagenetz er verbunden war, dadurch steigen ließ. Jener Gang wurde nun gereinigt, und bei dieser Gelegenheit erkannten die Römer, wie viele Fluchtwege unter Veji und Umgebung verborgen waren.

Es war darauf hin nur noch eine Frage der Zeit, bis die Belagerer durch einen dieser unterirdischen Tunnel in die feindliche Stadt gelangen konnten. Jeder, der sich einmal mit der Geschichte von Veji befasst hat, kennt die Geschichte von dessen Ende. „Als der König von Veji gerade sein Opfer brachte," so die Überlieferung, „verkündigte der Opferschauer: Dem werde der Sieg zufallen, der die Leber des Opfertiers den Göttern vorlege. Römische Soldaten in dem Stollen, durch den sie sich bereits unterhalb von Veji befanden, hörten dies. Das bewog sie, den Gang zu öffnen, die Leber dem überraschten Priester zu rauben und so in die Stadt einzudringen."

Das gnadenlose Gemetzel, in dem Veji unterging, wurde von den Römern zwar verherrlicht, aber es bedarf nicht großer Phantasie, sich auszumalen, wie die Stadt bald an allen Enden brannte, die Soldaten brandschatzten, mordeten und plünderten. Frauen und Kinder wurden, wenn man sie nicht tötete, als Kriegsbeute nach Rom verschleppt, die wehrfähigen Männer, die verzweifelt um ihr Leben kämpften, niedergemacht. Wer von ihnen ohne Waffen war, bekam die zweifelhafte Gnade erwiesen, künftig als Sklave sein Dasein zu fristen.

Einem verschwindend geringen Rest der Bevölkerung gelang es anscheinend zu fliehen. Sie sollen später, so geht die Mär, sich ca. 50 km weiter im Landesinnern angesiedelt haben. Das Städtchen, dessen historischer Stadtkern heute ein kümmerliches Dasein fristet, auch wenn es einst von Vejentern gegründet wurde, nennt sich jetzt Vejiano.Wir sind schon oft daran vorbeigefahren, ohne es jemals zu betreten, da es einen verlassenen und wenig einladenden Eindruck macht. Wahrscheinlich werden in nächster Zeit auch wieder, wie in verschienen anderen Orten, Fremde kommen, die Ruinen restaurieren, und dem ganzen zwar wieder ein Gesicht geben, dem Städtchen aber schwer die Verlassenheit und Leere nehmen können.

Das Gemeindeleben spielt sich schon lange auf der Piazza außerhalb des alten Burghügels ab, inmitten von durchschnittlichen „moderneren" Häusern typisch italienischer Art, umgeben von hübschen Platanen, was aber mit Veji oder Veiano nichts zu tun hat.

Ist es Zufall, dass wir auf unserer Fahrt nach Veji oder Veio, wie es die Italiener nennen, gerade hier vorbeikommen? Nicht einmal unseren geliebten Espresso haben wir hier jemals getrunken. Es reizt uns nicht, hier anzuhalten. Wir biegen bei Farnese, dem Ort in unmittelbarer Nähe von Veji ab. In diesem Fall müssen wir uns strikt an unseren Reiseführer „Etruskerland" halten, denn die wenigen Wegweiser und der dichte Laubwald, der uns umgibt, machen die Orientierung nicht einfach. Ich habe das Gefühl von Nässe, Schwere und Verlassenheit, als wir so durch die wilde, verwucherte Landschaft fahren. An dem beschriebenen Parkplatz, zu dem wir über eine kleine, schlecht asphaltierte Straße gelangen, halten wir und machen uns zu Fuß zum Stadtgebiet von Veji auf den Weg. Auf einem der vorgelagerten Anhöhen sehen wir ein kleines Rasthaus, das aber geschlossen ist (wahrscheinlich Montag Ruhetag), aber uns würde jetzt auch nicht der Sinn danach stehen. Ein kleiner Bach hindert uns am Weiterkommen, denn er hat die Brücke, über die wir eigentlich gehen könnten, überspült. Ich jedoch ziehe meine Schuhe aus, kremple die Hosen hoch und wate durch das Wasser, das mir gurgelnd bis zu den Knien geht. Peter hangelt sich am Geländer, das nur teilweise im Wasser ist, auf die andere Seite – ein bisschen Abenteuer muss ja auch sein! Wir stehen kurz darauf am Fuße des Felsens, auf dem Veji einst lag. Warum weist eigentlich niemand darauf hin, dass auch heute noch die Spuren des Brandes von einst zu sehen sind? Aber nein, diese Brandspuren müssen aus einer viel späteren Zeit stammen, denn Veji wurde ja nach der römischen Eroberung wieder besiedelt. Wie oft ist dieser Ort wohl erobert und seine Häuser niedergebrannt worden! Dennoch habe ich plötzlich das Gefühl einer Unmittelbarkeit, als ob das erst vor kurzem geschehen wäre! Ein Weg führt an der stark abfallenden Schlucht vorbei zu den Resten eines Tors, hinter dem sich auf einem Vorplateau der Tempel erhoben hat, jener Tempel, bei dessen Fundamenten einstmals von Archäologen die berühmte Statue des „Appollo von Veji" gefunden wurde Wir können leider nicht eintreten, denn das ganze ist von einem dichten Maschenzaun vor Eindringlingen ohne archäologische Verbindungen geschützt. Ich würde ja gerne einen Kustoden bei der Besichtigung in Kauf nehmen, aber zu allen Überfluss sehen wir ein Schild „Lunedi chiuso". Wir sind zu einem falschen Zeitpunkt gekommen.

Die etruskische Erde gibt dennoch immer wieder für den, der auf den Weg vor ihm achtet, ein Stück dessen frei, was sie verborgen hat. In unserem Fall ist es ein rundes Metallplättchen, völlig versintert und daher zunächst unkenntlich. Aber Peter nimmt es mit, um es später näher zu untersuchen. Vielleicht ist es eine etruskische Münze?

Wir treten nach einiger Zeit etwas frustriert den Rückzug an. Immer wieder müssen wir daran denken, dass Veji von den übrigen Etruskern in Verkennung der Gefahr so schmählich im Stich gelassen wurde. Das heitert uns nicht gerade auf.

Am besten beschreibt auch heute noch eine Dichtung des Römers Propertius, einige Jahrhunderte später, die Stimmung über dem ehemaligen Burghügel von Veji:

„Oh Veji, einst warst du ein Reich, und ein Thron von Gold erhob sich auf Deinem Forum! Heute ertönt nur das Horn des lässigen

Schäfers im Kreis Deiner Mauern und aus den Gebeinen deiner Bewohner wachsen die Früchte des Feldes!"

Zurückgekommen, zeigen wir Emilio das seltsame Metallklümpchen, wobei sich nach eingehender Untersuchung herausstellt, dass es sich dabei bezeichnenderweise um eine antike Bleikugel handelt, mit der Veji entweder beschossen wurde oder seine Feinde attackierte.

Dennoch – wir werden nach Veji zurückkommen, das nächste Mal mit besseren Informationen und vielleicht mit einem Kustoden, denn die ältesten bemalten Gräber Etruriens sind hier zu finden. Grabfresken, die uns in ihrer seltsamen Fremdheit einmal mehr ahnen lassen, auf welch alte Zeiten der Ursprung dieses Volkes der Rasenna zurückgeht.

Rocca di Papa

Die Welt ist heutzutage klein geworden. In München kauften wir in einem Antiquariat ein bereits erwähntes, vergriffenes Buch mit dem Titel „Magie, Madonnen und Mirakel", Verfasser Rainer Holbe, ein bekannter Fernsehmoderator und Schriftsteller. Bekannt wurde er auch durch eine Fernsehserie, in der er sich mit „phantastischen Phänomenen" auseinandersetzt. In seinem Buch berichtete er von einer seltsamen Erscheinung, die er in der Nähe des kleinen Ortes Rocca di Papa in den Albaner Bergen vorgefunden hat. Es gibt dort eine etwas abschüssige Straße, genau gesagt mit einer Steigung von vier Prozent, wo auf einer Strecke von ca. 80 Metern Gegenstände nicht hinunter- sondern hinaufrollen.

Zwischen Skepsis, Unglauben und Neugierde schwankend, beschließen wir, die Straße zu suchen und diese Anomalie zu prüfen – wie vermutlich viele schon vor uns. Das Phänomen ist in der Gegend bekannt, denn gleich der Erste, den wir vor einer kleinen Bar in Rocca di Papa danach fragen, bestätigt uns die Geschichte. Er deutet auch noch auf einen schweren gepanzerten Geldtransporter vor der örtlichen Bank. „Dieser Wagen", behauptet er, rollt dort ohne Motor ebenso den Hang hinauf, wie jeder andere Gegenstand".

Unterwegs fragen wir einen Priester, der gerade aus einer kleinen Kirche tritt, die an einer Straßenkreuzung liegt, nach dem Weg. Ja, er weiß, wo diese Straße ist, er selber kennt bei Kairo ebenfalls so eine Stelle, an der offensichtlich die Gesetze der Schwerkraft nicht gelten. Er beschreibt uns nochmals, wie wir fahren müssen.

Nach einer kleinen Weile haben wir die Steigung gefunden. Die Bevölkerung der Umgebung hat dort ein Bild der Gottesmutter aufgestellt, umgeben von vielen Blumen, um einer Bedrohung, die von diesem Unerklärlichem ausgehen könnte, vorzubeugen.

Mein Gefährte hält ca. 100 Meter unterhalb der Stelle mit dem Marienbild, kuppelt aus, legt einen Gang ein und nimmt den Fuß vom Gas. Und plötzlich – wie von Geisterhand gezogen – rollt unser schwerer Saab 900 nach oben. Es funktioniert – stellen wir ungläubig fest. Unser Auto rollt bis zum Bild, dann hält es. Weiter reicht diese geheimnisvolle Kraft nicht. Inzwischen sind andere auf uns aufmerksam geworden. Sie winken uns zu und versuchen dasselbe – mit dem gleichen Ergebnis. Ein kleiner Fiat wird ebenso lautlos, als ob er auf dem Fließband einer Autowaschanlage stehen würde, von dieser unsichtbaren Macht an uns vorbei nach oben gezogen, dann überholt uns eine Plastikwasserflasche, die jemand aus dem Auto geworfen hat - bergauf. Es ist ein Mirakel, was hier vor sich geht. Eigentlich müssten Besucher aus aller Welt hierher kommen und dieses Phänomen bestaunen. Aber nur die Leute in der Umgebung von Rocca di Papa scheinen davon zu wissen, darüber hinaus – guter, alter Kampanilismus – redet niemand darüber. Ob Wissenschaftler sich damit befasst haben ? Vermutlich nicht, denn es kann nicht sein, was nicht sein darf. Vielleicht handelt sich um eine Magnetfeld- oder Schwerkraftanomalie? Eine optische Täuschung? Die Bevölkerung möchte keinen Rummel größeren Ausmaßes, und Touristen, die hierher kommen, finden daheim keinen Glauben, wenn sie davon erzählen. Uns ist es genauso ergangen, und deshalb reden wir nicht viel darüber in unserem Bekanntenkreis.

Ein Bekannter von uns, dem wir davon erzählt haben, ist extra, um diese Geschichte nachzuprüfen, nach Rocca di Papa gefahren und konnte nicht fassen, was er dort erlebte. Erklären konnte er es hinterher genauso wenig wie alle anderen, obwohl er die Sache nach allen Regeln der Kunst und mit den ihm zu Gebote stehenden Mitteln untersucht hatte.

Allerdings haben wir inzwischen erfahren, dass unter Rocca di Papa ein umfangreiches unterirdisches Höhlensystem liegt, eines von vielen überall auf der Welt. Und wir würden uns nicht wundern, wenn es eines Tages für dieses phantastische Phänomen eine ebenso phantastische Erklärung geben würde.

Grabräuber und Raubgräber

Beim Anblick der vielen, in den Nekropolen ausgegrabenen und jetzt in den Museen ausgestellten Gegenständen wächst hin und wieder der Wunsch, selber einen davon zu besitzen, sei es auch nur eine kleine Tasse oder einen kleinen Teller – es braucht ja gar nichts besonderes zu sein.
Die Einheimischen wissen von diesen geheimen Wünschen und es ist leichter als man denkt, an diese Objekte der Begierde zu kommen.

Der Ort Cerveteri ist einer der Hochburgen für heimliche Grabungen und heimlichen Handel. Aber auch die anderen, unbekannteren Orte bieten für solches Tun genug Gelegenheiten.
Wir lernen Ricardo auf ganz legalem Wege in einem der zahlreichen Andenkenläden kennen. Wir wollen auch nicht irgendwelche Gräber plündern oder illegale Schätze aus geplünderten Gräbern erwerben. Aber die Neugierde plagt uns eben doch, wenn wir hören, was die Jungs so alles finden, wenn sie nach dem Regen über einen Acker gehen. Einer zeigt uns eine Gemme, die er bei einem Tempel gefunden haben will, ein anderer behauptet, dass er römische und – in ganz seltenen Fällen sogar schon etruskische Münzen gefunden hat. Was er uns da so verstohlen zeigt, ist wirklich die Mühe wert, danach zu suchen. Von bronzenen Fibeln oder gar goldenen Armreifen ist die Rede, ganz zu schweigen von Gefäßen jeglicher Art aus Terrakotta oder bronzenen Messern und Schwertern.

Ricardo ist ein breitschultriger, wohlgenährter, noch junger Mann, der gerne lacht. Da wir ihn sehr sympathisch finden und er nach einigen Unterhaltungen mit uns das nötige Vertrauen fasst, macht er uns den Vorschlag, mit ihm und zwei von seinen Brüdern auf Schatzsuche zu gehen. Nein, er will uns nichts verkaufen. Wir können mit ihnen gehen, und was wir selber finden, können wir mitnehmen, natürlich ohne etwas dafür bezahlen zu müssen.

Wir sind gewarnt worden, gerade vor Ricardo und seiner Familie, die in der Umgebung bei bestimmten Leuten einen Ruf wie Donnerhall zu haben scheinen. Wollen die anderen vielleicht selber mit uns ins Geschäft kommen und uns deshalb die Bekanntschaft mit Ricardo madig machen?

Ricardo nehme Touristen zu Raubgrabungen mit, so erfahren wir, aber die Gräber seien ebenso wenig echt wie die Gegenstände, die er seine Opfer finden lässt. Nein, er bereite ein Grab so vor, dass die Fremden es für echt halten. Er gehe dann mit seinen „Kunden" auf die Suche, lasse sie das präparierte Grab finden und die begeisterten Etruskerfans sind dann gerne bereit, sozusagen als Aufwandsentschädigung zu einem, wie sie denken, äußerst günstigen Preis die Grabbeigaben, die er vorher angefertigt und künstlich „gealtert" habe, zu erwerben ...

Nun ja, wir sind auf jeden Fall gespannt, was sich Ricardo einfallen lässt. Wir treffen uns um vier Uhr nachmittags bei einem alten „podere", wie man hierzulande ein kleines Bauernhaus nennt. Ricardo und seine beiden Brüder sind in Arbeitskleidung, als ob sie zum Traktorfahren aufs Feld müssten, und wir sind ebenfalls entsprechend unauffällig angezogen. Die drei Brüder haben außerdem Spaten und Schaufel dabei.

Eine Weile marschieren wir querfeldein über frisch gepflügte Äcker. Beim Pflügen haben sie einige verdächtige Stellen entdeckt, an denen die Erde eine andere Farbe aufweist als normalerweise. Ein Indiz für ein Grab? Auf einmal beginnen sie wie wild zu graben, fördern aber nichts zutage. Weiter geht es, etwa hundert Meter, wieder wird eifrig gegraben, und diesmal scheinen sie etwas gefunden zu haben. Kein Grab, sondern anscheinend war an dieser Stelle eine, man höre und staune, etruskisch-römische Töpferwerkstätte. Es kommen viele rötlich-braune Scherben zum Vorschein, kleine und große, Henkel und gewölbte Teile von Gefäßen. Wir suchen ebenfalls mit, aber die Brüder sind uns natürlich überlegen. Sie haben einen Blick für Scherben, die groß genug sind und so beieinander liegen, dass man sie vielleicht auch wieder zusammenfügen kann.

Plötzlich fängt es zu regnen an, zuerst schwach, dann stärker. Schon die ganze Zeit war der Himmel bleigrau verhangen. Die letzte halbe Stunde wurden die Wolken jedoch immer schwärzer, und jetzt regnet es, zwar nicht heftig, aber stetig. Wir müssen unsere Aktion abbrechen und uns auf den Rückweg machen. Den Boden eines Gefäßes mit dem Firmenstempel der Werkstätte bekommen wir von Ricardo geschenkt. Wir strahlen, denn wer hat schon so ohne weiteres eine Scherbe mit einem solchen Stempel!

Wir werden immer größer, je länger wir gehen, denn der lehmige Boden erhöht die Absätze unserer Schuhe um mindestens zwei Zentimeter. Endlich haben wir das Bauernhaus wieder erreicht. Ricardos Frau empfängt uns vor der Haustür. Zuerst versuchen wir alle gemeinsam, die dicke Lehmschicht auf unseren Schuhen mit dem starken Strahl eines Wasserschlauchs zu entfernen. Das dauert eine Weile, denn vor allem meine Schuhe sind für solche Exkursionen nicht ganz geeignet.

Anschließend werden wir zum Abendessen gebeten. Nachdem wir uns natürlich zuerst ein bisschen geziert haben, nehmen wir dankend an. Letztendlich könnten wir eine solche Einladung nicht ablehnen, ohne Ricardo und seine Familie zu beleidigen.

Nach einem typischen italienischen Abendessen mit Antipasta, Pasta, Hauptgang und Nachtisch, sowie dem obligatorischen Cafè zum Abschluss geht es zum gemütlichen Teil über. Ricardo, seine Frau und seine kleine pausbäckige Tochter, deren Mutter, die zwei Brüder, ein Onkel seiner Frau und wir beide sitzen um den großen Tisch im Wohn-Esszimmer und unterhalten uns über die Etrusker, Grabungserfolge und Misserfolge.

Er habe, erzählt der Onkel, ein kleiner drahtiger Mann, der eine besondere Vorliebe für mich hat, lange Zeit, als er noch jünger war, gar nicht gewusst, dass die Etrusker seine Vorfahren waren. Aber er habe immer wieder beim Ackern so merkwürdige Funde gemacht. Der denkwürdigste war ein Frauengrab. Sogar ein Stück Stoff war noch erhalten und eine Art Waschlavoir hatten sie der Dame mit ins Grab gegeben. Die scheint ein ausgeprägtes Reinlichkeitsbedürfnis gehabt zu haben! So war mit der Zeit sein Interesse an der fernsten Vergangenheit seines Landes in ihm erwacht. Mittlerweile weiß er, wer die Etrusker waren und ist eifrig bei der Sache, wenn gegraben wird.

Unsere Italienischkenntnisse sind an diesem Abend stark gefordert. Man glaubt zunächst nicht, mit welch geringem Wortschatz man die Unterhaltung eines ganzen Abends bis spät in die Nacht hinein bestreiten kann. Aber was der eine nicht weiß, das kann der andere ergänzen, und mit vereinten Kräften kommt es zur allumfassenden Verständigung.
Die Frauen, so fällt mir immer wieder auf, halten sich gerade bei solchen Gesprächen sehr zurück. Kann es sein, das so etwas doch mehr oder weniger reine Männersache ist? Missbilligung kann ihre Zurückhaltung kaum sein, denn schließlich sind auch sie Nutznießerinnen solcher Geschäfte.

Inzwischen ist es Mitternacht geworden. Wir verabschieden uns, denn wir haben noch einen weiten Weg bis zu unserem Dorf, über Straßen, die nicht im geringsten beleuchtet sind, wenn man von Tieraugen absieht, die am Straßenrand ab und zu aufleuchten. Die Nächte sind hier von einer besonderen schwarzen Dunkelheit, und wir haben keine Lust, uns womöglich auch noch zu verfahren. Wer hier so alles um diese mitternächtliche Zeit unterwegs ist, darüber wollen wir lieber nicht nachdenken. Unterwegs erzählt mir mein Gefährte, dass Ricardo ihn gefragt habe, ob wir nicht Kontakte zu Händlern in Deutschland herstellen könnten, die an seinen Ausgrabungen interessiert wären. „Daher weht also der Wind", denke ich etwas ernüchtert, aber schließlich war mir ja von vornherein klar, dass er mit uns auf irgendeine Art ins Geschäft kommen wollte.

Wir kennen beide die Geschichte der Archäologen, die beim Eintritt in ein noch unberührtes Grab den völlig unversehrten Leichnam eines etruskischen Kriegers, auf seinem steinernen Totenbett liegend, vorgefunden hatten. „Bei so einer Ausgrabung möchte ich einmal dabei sein", sagte ich eines Tages zu Mario, unserem Geometra, der sich unter anderem auch mit etruskischen Ausgrabungen befasst. Das ist hier üblich, denn ein Geometra ist Architekt, Denkmalpfleger und Landvermesser in einem. Außerdem ist er für die Genehmigung von Bauplänen zuständig, überwacht deren Einhaltung und vermittelt nicht selten auch Immobilien. Mario kennt sich mit allem aus, ist mit Gott und der Welt bekannt, weiß alles, sieht alles, hört alles und hat Kontakte in alle Richtungen geknüpft.

Er ist klein, rund, schon leicht kahlköpfig, mit einem Bart wie ein Seehund und erinnert an Mozarts Oper mit der berühmten Passage *„Figaro hier, Figaro dort...."* .

Er ist aber fast nie dort, wo man ihn eigentlich gerade braucht. Sein Wissen um die Kultur seiner Vorfahren ist jedoch umfangreicher als das eines Archäologen. „ Da kommen die Archäologen", ließ er einmal geringschätzig verlauten „Sie graben und vermessen und bestimmen das Alter ihrer Funde und glauben, wenn sie genügend Ausgrabungen ausgewertet haben, wissen sie alles! Dabei wissen sie gar nichts". Vermutlich hat er recht, denn die Kenntnisse, die auf Erfahrung, genauer Ortskenntnis, Verbundenheit mit alten Traditionen und Überlieferungen beruhen, können durch nichts ersetzt werden.

Diese Erkenntnis hält ihn aber nicht davon ab, in bestem Kontakt mit den Archäologen zu stehen, die in seinem Gebiet graben.

Eines Tages treffen wir ihn nach dem Abendessen noch in der Bar. Er stürzt auf uns zu „könnt ihr am Sonntag Vormittag um acht Uhr hier auf mich warten?" fragt er „Wir gehen zur Nekropole und ihr erlebt eine Sensation" – „Ja, wirklich" beteuert er, als er unsere etwas verdutzten Mienen sieht, „eine Sensation". Neugierig geworden, sagen wir zu. Allerdings für neun Uhr vormittags, da es uns widerstrebt, im Urlaub um sechs Uhr früh aufzustehen.

Wir warten also um neun Uhr pünktlich vor der Bar, bei der wir uns verabredet haben. Wer zunächst nicht auftaucht, ist Mario. Wir setzen uns frustriert an einen der freien Tische und bestellen einen Capuccino. Ein alter Mann, der uns schon vor einigen Tagen erzählte, dass er am Ende des zweiten Weltkriegs in München als Kriegsgefangener arbeitete und bei dieser Gelegenheit eine schöne

Münchnerin kennenlernte, setzt sich zu uns. Diesmal zeigt er uns sogar ein Foto von seiner heimlichen Geliebten. In der Tat, sie war eine hübsche Frau. Und dem Foto nach zu schließen, sah auch er ganz passabel aus. Jetzt ist er ein alter geschwätziger Mann, der uns zahnlos anlächelt und fürchterlich nuschelt. Nun, er hat etwas rührendes an sich, aber dass er mir, als mein Gefährte mal kurz weggeht, ziemlich eindeutige Avancen macht, finde ich reichlich unverfroren. Ich bestelle noch einen weiteren Capuccino und wimmle den Alten etwas schroff ab. Scheinbar bin ich doch zu deutsch, um mit einer solchen Situation locker umgehen zu können. Peter kommt wieder und ich sehe an seiner Miene, dass auch er langsam ärgerlich wird, denn mittlerweile warten wir schon mehr als eine Stunde. Wir fragen Leute, die wir flüchtig kennen, nach Mario und erfahren, dass er in den nächsten Ort gefahren ist, um dort in der Apotheke ein Rezept für seine Frau zu holen, die sich plötzlich unpässlich gefühlt hat.

Es ist schon weit nach zehn Uhr, als er endlich auftaucht, uns freundlich begrüßt, sich jedoch kaum für seine Verspätung entschuldigt. Im Schlepptau hat er zwei dunkle Typen, sprich mit schwarzen Haaren und dunkler, von der Sonne verbrannten Haut und ebenso dunklen Augen, der eine kurz und stämmig, der andere größer und hager. Beide haben Spaten und Schaufel dabei. Wir fahren ein Stück mit dem Auto zur nahe gelegenen Nekropole. Dort stellen wir den Wagen auf einem Feldweg in der Nähe eines Bauernhofes ab und gehen querfeldein zur Nekropole. Es geht über Stock und Stein, bergauf, bergab, an unzähligen bekannten und unbekannten Kammer- und Würfelgräbern vorbei, hinein in ein Dickicht, wo das Sonnenlicht immer spärlicher durchdringt. Als wir plötzlich vor den Überresten einer aus unregelmäßigen Steinen aufgeschichteten Mauer stehen, erklärt uns Mario, dass diese polygonale Mauer der Überrest eines etruskischen Ortes ist, der auf der Anhöhe lag. Eigentlich sind uns die Orte der einstmals Lebenden lieber als die vielen Friedhöfe, die wir uns immer wieder genötigt sehen zu besuchen, aber was hilft' s – die Nekropolen sind eben doch am besten erforscht, und aus ihnen kommen die meisten Funde. Er führt uns jetzt durch einen der berühmten abschüssigen Hohlwege Etruriens und wieder hinaus, bis wir mitten im Dickicht innehalten. Hier, unterhalb eines großen Würfelgrabes mit den Resten einer Fassade, beginnen die beiden Begleiter von Mario auf einmal wie auf Kommando zu graben. Sie befördern einige Scherben der üblichen rötlichen Keramik zutage, hören aber nach einiger Zeit enttäuscht wieder auf. Es war kein Erfolg, das sehen auch wir. Mario zeigt uns noch einige schöne Würfelgräber mit Kassettendecke und gut erhaltenen Totenbetten, bevor wir dann wieder Richtung Dorf zurückwandern.

Anscheinend hatten die Männer unterhalb eines schon bekannten Grabes ein weiteres noch unentdecktes vermutet, aber die Scherben hatten zu dem bereits erforschten Grab gehört. Sie bestätigten lediglich die Sitte, dass man nach einem Begräbnis und dem damit verbundenen Totenmahl, die dafür benutzten Gefäße zerbrach und dort zurückließ. Und dabei hätte Mario uns so gern mit einer Graböffnung ein echtes Abenteuer geboten!
Wir spendieren allen noch einen Apperitivo, als wir zur Bar zurückkommen und unterhalten uns noch eine Weile mit Mario, der uns unter anderem erzählt, dass der kleinere von den beiden „Ausgräbern" ein bekannter Tombarolo ist, der sogar schon einen Auftritt im Fernsehen hatte. „Das Wiesel" nennen sie ihn, weil er flink und geschmeidig wie ein Wiesel in Höhlen hineinkommt, die für andere zu schmal sind.
Als wir ihn näher kennen lernen, stellen wir fest, dass er ein netter, etwas schüchterner Bursche ist, der sicher nicht aus Geldgier, sondern wie so viele hier aus der Not heraus zum Grabräuber geworden ist. Reich werden sie alle nicht, denn ganz selten gelingt ihnen der große Wurf, und dann ist es auch immer schwierig, das Gefundene an den Mann bzw. die Frau zu bringen. Man muss warten, bis Touristen selber auf die Idee kommen, zu fragen, ob man eventuell ... Und wenn es so weit ist, dann ist man vorsichtig genug, zuerst einmal entrüstet zu verneinen. Der Fremde wird taxiert, ob er auch wirklich vertrauenerweckend genug ist. Am liebsten sind ihm natürlich Touristen, die immer wieder kommen, denn bei ihnen weiß er, woran er ist. Zwei Jahre nach unserem ersten Treffen mit ihm,

als wir ihn wiedersehen, stellen wir fest, dass er schöne neue weiße Zähne hat, was ein Jahr zuvor noch nicht der Fall war. Also, denke ich, hat er wohl von seinem Nebenverdienst als Tombarolo eine größere Zahnarztrechnung bezahlt.

Ricardo hatte bei seinen gelegentlichen Exkursionen mehr Glück als unsere beiden Tombaroli, die mit uns unterwegs waren. Oberhalb eines riesengroßen Würfelgrabes mit Scheintüren und Reliefen hat er schon längere Zeit ein weiteres Grab vermutet. Eines Tages wurde er dann tatsächlich fündig. Seine Augen leuchten in fast überirdischem Glanz, als er mir sein Erlebnis schildert.

Er hat zunächst zügig gegraben, bis er auf eine harte steinige Stelle traf. Langsam und ganz vorsichtig legt er das Grab frei. Zuletzt arbeitet er nur noch mit einem Messer, um nichts zu beschädigen. Das Grab ist nicht groß, aber darin liegt das unversehrte Skelett einer Frau. „Sie hatte" so erzählt er, an den Händen und Füßen bronzene Reifen." Auch in die Haare waren ursprünglich wohl kleine Ringe eingewoben, die allerdings der Zeit nicht standgehalten hatten und als kleine Bronzebrösel im Staub lagen. Um ihren Hals lag eine Kette aus verschiedenen Halbedelsteinen, allerdings war sie gerissen und Ricardo hatte die Steine nach eigenem Gutdünken wieder zusammenfügen und knüpfen müssen. Rings um die Tote verstreut fand er die obligatorischen Gefäße, wie Trinkbecher, Tassen, kleine Teller, Balsamarien und Olpen.

Stolz führt er mich in ein Zimmer, wo er das alles liebevoll auf einem Tisch geordnet hat. Auch einige sehr schöne bronzene Augenfibeln, verziert mit winzig kleinen Entchen liegen dabei. Während wir uns noch unterhalten, wird er von seiner Frau ans Telefon gerufen und lässt mich allein. Die Fibel hat es mir besonders angetan, deshalb nehme ich sie in die Hand und konzentriere mich auf sie, indem ich die Augen schließe. Ich wollte schon immer wissen, wie sich so etwas anfühlt. Im Museum hat man schließlich nie die Chance, eine etruskische Fibel in der Hand zu halten!

In diesem Augenblick geschieht etwas merkwürdiges. Weit weg von unserer Zeit, kommt auf einem staubigen Feldweg, der durch wogende Getreidefelder führt, eine junge Frau auf mich zu. Als sie sich mit leichten beschwingten Schritten nähert, sehe ich, dass sie mit einem naturweißen, losen Gewand bekleidet ist. Ihr pechschwarzes Haar flattert im Sommerwind. Doch dann schrecke ich aus meiner Versunkenheit hoch und bin wieder im Hause von Ricardo. Italienische Laute dringen an mein Ohr. Aber noch eine ganze Weile, bevor Ricardo wieder zurückkommt, spüre ich ihre Anwesenheit im Raum. Habe ich mit der Fibel, die ich in der Hand hielt, eine Verbindung zu dieser Frau, der sie ursprünglich gehörte und die sie auch im Grab jahrtausendelang bei sich hatte, geschaffen? Es scheint so ... Mit einem leisen Schauder denke ich an die Geschichte von Ricardo und dem Grab, aus dem dieser vor mir ausgebreitete Schatz stammt. Er wird alles so schnell wie möglich zu einem guten Preis verkaufen. Ob wohl diejenigen, an die er das alles verkauft, ebenfalls solche „Begegnungen" haben werden?

Silvio, ein Geometra, den wir bei unserer langwierigen Suche nach einem Haus in Etrurien bei den Montebusas kennen gelernt haben, ist das genaue Gegenteil eines Tombarolo. Er würde nie mit einem Grabräuber gemeinsame Sache machen. Im Gegenteil – als Wächter eines Naturparks in der Nähe des Bolsenasees würde er jeden Grabräuber bei der Finanzpolizei anzeigen. In seinem prächtig eingerichteten Haus am Lago di Bolsena zeigt er uns zwar zwei Krüge, die er bei Umbauarbeiten im Keller seines Hauses gefunden hat und die ganz offensichtlich aus dem Mittelalter stammen, aber die hat er sicher gemeldet und sich ihren Besitz genehmigen lassen.

Überhaupt ist der Besitz von antiken Gegenständen nicht grundsätzlich verboten. Man muss sie nur melden und nachweisen können, woher man sie hat. Und das ist der springende Punkt, denn Raubgrabungen sind natürlich verboten. Aber jeder, der ein Grundstück besitzt, kann in diesem Land auf ein Grab stoßen. Und so kommt es, dass ein oder zwei antike Stücke in einem Haushalt völlig normal sind. Den Rest versteckt man und zeigt ihn nur gelegentlich einem vertrauenswürdigen Freund.

Auch Salvatore, der in unmittelbarer Nähe einer Nekropole seine Felder und Äcker hat, fand eines Tages dort beim Arbeiten eine schöne bronzene Fibel. Die hat er selbstverständlich behalten, denn er fühlt sich als Nachfahre der Etrusker, als einer, dessen Familie schon immer hier war. Warum sollte er ein solches Stück aus seiner eigenen Vergangenheit abgeben? Die Römer, die mag er ohnehin nicht, und er ist noch nicht einmal bereit, seine Freundin vom Flughafen bei Rom abzuholen. Also stoßen Grabräuber bei ihm eher auf Verständnis, vorausgesetzt, dass es sich um hier Ansässige handelt. Uns hat er ins Herz geschlossen, weil wir die Etrusker und Etrurien lieben. Aber ich möchte lieber nicht wissen, wie er reagieren würde, wenn Touristen kämen, die er nicht kennt, um auf seinem Grund und Boden zu graben.

Der Rasenna:

Wir freuen uns eigentlich nicht über Euch Tombaroli, wie Ihr Euch nennt. Denn viele unter Euch reißen die heilige Erde auf, in der unsere Körper begraben liegen und zerstören dadurch die Verbindung zwischen Eurem und unserem Reich! Aber wir sehen auch die Ausgräber, die mit Erlaubnis Eurer Regierung graben, nicht immer gern. Die meisten von ihnen denken ebenso wenig an die heiligen Verbindungen, weil sie noch weniger als die einfachen Leute daran glauben. Oft werden die Gaben, die wir unseren Toten mitgegeben haben, einfach in irgendwelche Kisten gesteckt, wo sich über viele Jahrzehnte Eurer Zeitrechnung niemand darum kümmert. Irgend ein Wächter Eurer Museen stößt manchmal mit dem Fuß so unachtsam an eine Kiste, dass die Stücke darin zu Bruch gehen. Aber das nimmt kaum jemand wahr. Auch begreifen diese Gelehrten nicht die Zusammenhänge und nicht den Sinn unserer Werke. Am meisten macht uns traurig, wenn unsere Kunstwerke mit denen der Griechen verglichen werden. Wir dachten bei unserer Kunst in Symbolen, die Griechen dachten an Schönheit.
Es gibt da eine Reihe von Figuren aus Bronze, die in Velathri gefunden wurden, jene Stadt, die später von den Römern Volterra genannt wurde. Es sind überlange Gestalten, die Körper sind fast flach, sehr schlank – die Gesichter sind zwar gut zu erkennen, aber klein und unbedeutend. Die Künstler Eurer Tage dachten dabei an Abendschatten, und so wurden diese Figuren denn auch von allen genannt. Kaum einer dachte daran, sie als das zu sehen, was sie waren – die Seelen der Verstorbenen. Was die modernen Künstler daraus gemacht haben, hat den Sinn, den wir diesen Gestalten gaben, längst verloren. Und so ist es uns oft lieber, wenn unsere Kunstwerke von Menschen in ihren Häusern aufbewahrt werden, die sie lieben und achten. Manchmal können wir sogar eine Verbindung mit ihnen aufnehmen, wie im Falle der jungen Frau, die ich schon seit einiger Zeit begleite.

Geschichten aus „Il Paese"

Eines Tages beschlossen wir, in „*Il Paese*" mehr zu sehen, als nur ein gelegentliches Feriendomizil. So ein Ort, ein Mikrokosmos für sich, das war es, was wir uns zum Leben vorgestellt hatten.

Wesentlich war auch die Tatsache, dass wir von den Bewohnern akzeptiert wurden, und schon nach kurzer Zeit Kontakte geknüpft hatten. „Es ist wie eine große Familie", meint ein älterer Mann in der Bar, die wir oft aufsuchten. Er ist allerdings Italiener, wohnt aber offensichtlich erst seit kurzem hier und hat, nach seinen Worten, einiges von der Welt gesehen. Nun will er sich zur Ruhe setzen und hat sich unser Dorf als Domizil ausgesucht.

Er hat recht. Aber wie in allen Familien gibt es auch hier mehr oder weniger liebenswerte Exemplare der Gattung Homo sapiens und Sonderlinge.

Treffpunkt ist wie überall in Italien die Bar, in diesem Fall in der Pluralform, denn obwohl „*Il Paese*" klein ist, haben wir hier gleich drei zur Auswahl. Eine befindet sich im historischen Zentrum und gehört zur – übrigens einzigen – Trattoria im Ort. Die beiden anderen liegen sich vor der Stadtmauer gegenüber. Die eine groß, kalt und mit kahlen grünen Wänden, aber mit einer großen Auswahl an „Snacks", sprich Tramezzini, kleine Pizzen, Cornetti und sogar Eis, die andere kleiner, mit Asessoirs aus der Epoche des Jugendstils und mit einer wesentlich geringeren Auswahl an Essbarem, dafür ist es dort jedoch zum Ausgleich möglich, Tageszeitungen, Illustrierte, Ansichtskarten und neuerdings sogar CD's zu kaufen. Keine Frage, dass dies unsere Lieblingsbar ist. Der Besitzer ist Sizilianer, sein Sohn war der erste, mit dem wir redeten, als wir nach „Il Paese" kamen.

Vor der großen, kahlen Bar sitzt immer die gleiche Gruppe von alten Rentnern, die sich hier die Zeit vertreiben, über alles und nichts reden und einen einzigen Espresso während der vielen Stunden trinken, die sie sich hier aufhalten. Das erlaubt der Besitzer der anderen Bar nicht. Er ist vermutlich mehr darauf angewiesen, einen wenn auch bescheidenen Gewinn zu erzielen.

Viele der etwas besser situierten Bewohner von „Il Paese" gehen einmal in die „linke" und dann wieder in die „rechte" Bar. Mir ist es immer schwergefallen, um der Gerechtigkeit willen auch in die links liegende Bar zu gehen. Schon deshalb, weil ich nicht gerne an den alten Männern vorbei „Spießruten laufe".

Am schönsten ist die örtliche Trattoria mit ihrer alten Balkendecke, die vom Kaminfeuer nachgedunkelt ist.

„Insalata mista?" fragt uns die Wirtin. Wir bejahen, und sie verschwindet im nahen Garten, um nach einiger Zeit mit einigen Salatköpfen oder einem Arm voll Rucola wiederzukommen. Ob sie auch Melonen auf dem Speiseplan hat? „Nein, die sind noch nicht reif, vielleicht Ende der Woche". Nun ja, dann essen wir eben etwas anderes. Die unvermeidlichen Fettuchini al sugo kann sie uns anbieten. Geräucherten Schinken gibt es auch immer, und ihr Mann brät uns über dem Feuer Kalbskoteletts, so groß, dass sie von Dinosauriern stammen könnten.

Das Fleisch liefern jedoch die großen weißen Maremmarinder mit ihren riesigen Hörnern, die einem das Fürchten lehren könnten, aber, wie mir alle versichern, harmlos sind. Sie grasen den größten Teil des Jahres auf den großflächigen Weiden, manchmal ohne erkenntliche Einzäumung und werden nur ein- oder zweimal im Jahr von den sogenannten Butteri, einer Art italienischer Cowboys, zusammengetrieben.

Die Stammgäste in der Trattoria sind ein Querschnitt durch die Bevölkerung, wie er typischer nicht sein könnte. Jeder hat dort selbstverständlich seinen festen Platz an einem der langen Holztische, die sofort mit Tischtüchern und Servietten gedeckt werden, wenn jemand dort Platz nimmt.

Schweigsam und in sich gekehrt sitzt dort jeden Tag ein kleiner, dunkelhaariger, etwas vierschrötiger Mann, der die Tankstelle am Ortseingang besitzt. Er bekommt seine obligatorischen Fettuccini und sein Glas Wein. Fast unbemerkt verschwindet er nach einiger Zeit.

Am frühen Abend kommt mit schöner Regelmäßigkeit der Herr Pfarrer, dem man sein Amt aber niemals ansehen würde, denn er trägt meistens eine etwas ausgebeulte Hose und scheint eine ganze Sammlung karierter Hemden zu haben. Stattlich, wenig mehr als mittelgroß, mit rötlichem Gesicht, was auf einen etwas hohen Blutdruck schließen lässt, tritt er mit vergnügter Miene ein, sich bereits auf ein rustikales Mahl freuend, grüßt freundlich und setzt sich dorthin, wo auch die Wirtsfamilie speist. Dann jedoch sieht und hört er nichts mehr, denn er ist ganz in sein Essen vertieft. Seine Spezialität scheinen leicht verkohlte Kalbsrippchen zu sein, die Emilio, der Wirt, extra für ihn länger auf dem Rost liegen lässt.

Zu vorgerückterer Stunde betritt manchmal ein besonderes Original von „Il Paese" die Trattoria, ein kleines Männchen mit einem schon etwas verhutzelten Gesicht, was aber am fast gänzlichen Fehlen seiner Zähne liegt. Seltsamerweise hat gerade er von Anfang an eine besondere Anteilnahme für uns gezeigt. Allerdings scheint mir, dass er nie ganz begriffen hat, warum wir nicht endlich dableiben wollen, wenn wir doch immer wieder kommen.

Wenn er besonders gute Laune hat und ein paar Zuhörer – aber bitte, nicht allzu viele – beginnt er in dramatischem Tonfall und noch dramatischeren Gesten irgendwelche „Canzone" in einem (durch seine Zahnlosigkeit bedingt) fast unverständlichen Italienisch vorzutragen. Wir können meistens nur ahnen, was er da abwechselnd singt oder spricht, aber es klingt schön, denn italienisch ist ja schließlich eine klangvolle Sprache – sogar, wenn sie mit zahnlosem Mund gesprochen oder gesungen wird! Wir nennen ihn wegen seiner dramatischen Darbietungen den „Arringatore" in Anlehnung an die spätetruskische Bronzestatue, die am Trasimenosee gefunden wurde.

Aber wir haben hier nicht nur Einheimische getroffen, sondern, vor allem Samstagabend oder an Sonntagen Ausflügler aus den benachbarten Regionen, Archäologen, die „Il Paese" übrigens als Geheimtipp handeln; Lokalpolitiker, ja sogar echte Prominente kommen zuweilen in die Gaststube von Emilio. Etliche Male sind wir gefragt worden: „Wie haben Sie denn hierher gefunden?" Das hört sich immer so an, als ob man nach einem geheimnisvollen

Schatz gefragt würde. Wenn wir dann erzählen, wie es war, dann lächeln die Leute verständnisvoll und mögen uns, denn unsere etwas wunderliche Geschichte ist unsere Legitimation. Wir werden dann nie mehr gefragt, warum wir nicht lieber unseren Urlaub am Meer verbringen ...

Überhaupt – diese Trattoria hat eine lange Geschichte, die bis auf das 19.Jahrhundert zurückgeht. Die berühmteste Person dieser gastliche Stätte, die damals mit Sicherheit noch eine Osteria war, also ein Lokal, wo man in erster Linie Wein trank und kleine Speisen bestellen konnte, war die Mutter von Emilio, eine kleine, rundliche aber energische Person, die lange Zeit, nicht gerade zur Freude von Emilios Frau, das Regiment führte. Berühmt war sie wegen der unzähligen Geschichten aus „Il Paese", die sie im Laufe des Lebens in ihrem Gedächtnis gespeichert hatte und die sie nur allzu gerne an langen Herbst- und Winterabenden am flackernden Kaminfeuer zum besten gab – dies zur Freude der gesamten Umgebung. Ich bedaure zutiefst, dass ich sie nicht mehr kennengelernt habe, denn als wir das erste Mal nach „Il Paese" kamen, war sie bereits bettlägerig.
Emilio brachte ihr stets das Essen, bevor er selber auch nur einen Bissen in den Mund schob, und erzählte uns bekümmert, dass sie an Krebs dahinsieche. Ein Jahr später nach unserem ersten Aufenthalt in „Il Paese" ist sie dann gestorben, aber noch heute ist das Wirtshaus nach ihr benannt – übrigens ist es ein nicht ins Deutsche übersetzbarer Name!

Im Dorf fehlt übrigens nichts, was man zum Leben braucht oder zu brauchen glaubt. Selbstverständlich sponsert die örtliche Bank öffentliche Veranstaltungen und hat einen Anschluss im Internet. Die Post daneben hat nur stundenweise geöffnet, aber einen Briefkasten braucht man nicht. Der nette Angestellte am Schalter nimmt unsere Ansichtskarten entgegen. Übrigens sind sie auch bei den Empfängern angekommen, sogar manchmal, bevor wir wieder zuhause waren, was man von der italienischen Post sonst nicht unbedingt erwarten kann ...

Wer sich hier nicht überarbeitet, ist der örtliche Polizist. Der fährt auf seinem Moped vorbei und grüßt freundlich, denn nach ein paar Tagen kennt er uns, und da wir in keiner Weise unangenehm auffallen, weiß er keinen Grund, warum er uns nicht gewogen sein sollte.

Durch „Il Paese" geht öfters ein zerlumpter Mann, dessen Alter wir nicht einschätzen können, mit einem Brot unter dem Arm. Er schlägt immer den Weg in die Schlucht zu den Gräbern ein. Fast glauben wir, dass er dort in irgendeiner der zahlreichen Grabhöhlen wohnt. Nie unterhält er sich mit einem der Dorfbewohner, die ihn auch weiter nicht beachten. Geht er zu den Etruskern? Lebt er nicht überhaupt in der „Anderswelt"?
Zwei Jahre später sehen wir ihn nicht mehr durch das Dorf wandern. Wir fragen die Leute nach ihm. „Si, si", ja, sie wissen, wen wir meinen. Auch sie haben ihn schon eine ganze Weile nicht mehr gesehen. Vielleicht ist er mittlerweile schon tot, oder er hat sich eine andere Route gesucht, bei der er nicht mehr nach „Il Paese" kommt ... Ganz richtig im Kopf war er wohl nicht. Vielleicht sind die Etrusker schuld, wird gemutmaßt, halb im Scherz, halb im Ernst.
Leicht vorstellbar, dass die Geister, die hier umgehen, nicht jedem gut tun, ja dass sie jemandem, dessen Absichten nicht ganz lauter sind und der sich mit ihnen einlässt, den vielleicht ohnehin labilen Geist verwirren können ...
Das gilt auch für den bösartig blickenden, offenbar geistesgestörten Mann mittleren Alters, dessen rotes Gesicht mit den kleinen zusammengekniffenen Augen einen tückischen Ausdruck annimmt, wenn er Fremde erblickt, die sich der casa etrusca und der Aussichtsplattform neugierig nähern. Wir haben den Eindruck, dass er, der direkt neben der casa etrusca und dem angrenzenden Ruinengrundstück bei seiner Familie wohnt, (vermutlich ist er in Obhut seiner Angehörigen), von dem Wahn besessen ist, diesen Ort bewachen zu müssen. Er hat uns zwar nie behindert, oder gar belästigt, aber für ihn waren wir Eindringlinge, die er am liebsten verjagt hätte. Fast immer hat er ein Kofferradio dabei und hört mit Kopfhörern irgendwelche nicht definierbare Sendungen. „Was für ein Programm

der wohl hat?" flachst Peter, „vielleicht einen etruskischen Sender?" Aber etwas Ernst ist bei dieser spaßigen Bemerkung schon dabei. Denn gerade diejenigen, die wir als geisteskrank bezeichnen, können in der „Anderswelt" leben, in der die Toten die Lebenden sind.

Auf einem unserer vielen Spaziergänge durch den kleinen Ort, der uns immer wieder auf magische Weise veranlasst, ihn zu erkunden, treffen wir auf eine alte Frau mit wirrem grauen Haar und einem Gesicht voller Pusteln, die vor einem der ärmlicheren Häuser auf einem wackeligen Stuhl sitzt und sich mit zittriger Hand bemüht, einen Faden in eine Nadel einzufädeln. Als sie uns sieht, bittet sie uns, ihr zu helfen. Während wir beide uns abwechselnd versuchen, mit dem Faden das viel zu kleine Nadelöhr zu treffen, erzählt sie uns jammernd, dass ihre ganze Familie – ja wirklich alle – auf den Feldern arbeiten und sie ganz allein gelassen haben. Ja, früher, da wurde sie gebraucht, aber jetzt muss sie zu Hause bleiben, denn sie kann ja nicht mehr arbeiten! Schrecklich, das sie immer allein gelassen wird! Endlich gelingt es Peter, der die besseren Augen und die ruhigere Hand hat, den Faden einzufädeln, und wir verabschieden uns erleichtert von ihr.

Am Abend taucht sie wieder mit ihrer Nadel und dem Faden auf – dieses Mal in der Wirtsstube von Emilio. Aber die Wirtin, eine energische, praktisch denkende Frau, bringt ihr eine andere Nadel mit den Worten; „Da kann ja kein Mensch einen Faden hineinbringen. Hier hast du eine andere Nadel, aber jetzt geh bitte!" Zu uns gerichtet erklärt sie, dass die Alte nicht ganz richtig im Kopf ist. Natürlich kann sie nicht zulassen, dass durch sie die Gäste verscheucht werden. Trotzdem tut mir die alte Frau leid. Wie sagten die alten Etrusker? Wenn ein Mensch zwölfmal sieben Jahre gelebt hat, dann sprechen die Götter nicht mehr zu ihm. In diesem Denken liegt sehr viel Lebensweisheit, denn 84 Jahre waren damals unerhört viel. Die Menschen, die ein solches Alter erreichten, hatten meistens nicht mehr das Verständnis um die Dinge, die vor sich gingen. So war es wohl gemeint, dass die Götter nicht mehr redeten. Sie hatten sich selber überlebt.

Wir haben die alte Frau übrigens nie mehr gesehen. Sie muss kurz darauf verstorben sein.

Emilios Bar ist ein Treffpunkt nach dem Abendessen. Dort kommt man wie überall in Italien schnell miteinander ins Gespräch. Ein schlanker grauhaariger Mann, etwas klapprig schon, aber immer noch voll der natürlichen Würde, wenn auch seine Kleidung etwas ungepflegt erscheint, unterhält sich eines Abends mit Peter. Die Unterhaltung dreht sich wie meistens um die Traditionen des Dorfes und seine alte Kultur. Schnell erkennt er, dass wir Deutsche sind. Wir sind ihm aber sympathisch, wenn er auch ganz ehrlich zugibt, dass er eigentlich mit Deutschen nichts mehr zu tun haben wollte.

Als er uns seine Geschichte erzählt, wissen wir auch, warum. Er hatte im zweiten Weltkrieg in einer Division aus Deutschen und Italienern gekämpft und musste erleben, dass die Deutschen die Italiener, als die drohende Niederlage nahte, in die vorderste Reihe schickten und regelrecht verheizten. Als dann der endgültige Rückzug kam, da retteten die Deutschen ihre eigenen Leute und ließen die Italiener im Stich. Ganz interessant, diese Kriegsgeschichten einmal nicht immer nur von deutscher, sondern auch mal von italienischer Seite zu hören. „Ich habe mir damals vorgenommen, nie mehr mit Deutschen zu reden", gibt er zu. „Aber ihr seid anders. Das spüre ich. Ihr begegnet uns und auch unserer Geschichte mit Achtung." Wir laden ihn zu einem Espresso ein, und er schenkt uns einen von ihm selbst verfassten Gedichtband, natürlich in italienischer Sprache, der von seiner Heimat handelt, und den er während des Krieges, von Heimweh und vielleicht auch einer gehörigen Portion Angst geplagt, verfasste. Sogar eine Widmung schreibt er uns hinein „mit spontaner Sympathie".

Hinterher erfahren wir, dass dieser Greis mit der abgenutzten Kleidung ein „huomo nobile" ist, ein Mann des örtlichen Landadels, der schon bessere Tage gesehen hat, aber nichtsdesto trotz immer noch mit vielen Gütern gesegnet ist und „in der Campagna" wohnt, wie die Leute sagen, wenn man außerhalb von „Il Paese" sein Anwesen hat.

Die besseren Familien, zu denen auch unser Freund Salvatore gehört, haben innerhalb des Dorfes in einem der großen Patrizierhäuser, hier Palazzo genannt, ihren Wohnsitz, aber in der Campagna noch ein weiteres Haus. Salvatore baut an diesem Landhaus, das offensichtlich ein älteres ablösen soll, schon seit Jahren. Es sieht immer gleich aus, wenn wir kommen. Wenn es fertig ist, wird es mit seinen schönen Rundbögen und den großen Räumen ein Prachtexemplar sein. Im Sommer hält sich die Familie dort fast immer auf. Auch wir haben schon in dem einzigen bewohnbaren Raum gesessen und Wein getrunken. Im übrigen kam uns damals einmal mehr in dieser Atmosphäre alles etruskisch vor, vor allem die Menschen mit ihren tiefschwarzen Haaren und den dunklen, leicht schrägblickenden Augen.

Wir merken, dass in den letzten Jahrzehnten bei den Menschen Inneretruriens wieder ein neuer Stolz auf das alte Erbe, vor allem der Etrusker, aufgeflammt ist. Sie scheinen wieder ihre Identität zurückzugewinnen, beflügelt von der Aufmerksamkeit, die ihnen auch und gerade von der Öffentlichkeit entgegengebracht wird. An ihren Festen, die hauptsächlich im Frühjahr und im Herbst abgehalten werden, können ruhig auch Fremde teilnehmen. Sie sind wie eh und je von Wettspielen, Pferderennen und natürlich auch Musik begleitet. An den Bäumen und Sträuchern hängen bunte Bänder, den „Taenien" vergleichbar, jenen Baumwollbändern, die wir von den Fresken in den etruskischen Gräbern kennen. So hängen dort zwar keine Wollbänder mehr, sondern Plastikbänder, aber sie sind immer noch dasselbe, nämlich Symbole zu Ehren der Naturgeister, auch wenn das den heutigen Bewohner Etruriens sicher nicht mehr bewusst ist.

Bereits in den ersten Tagen unseres Aufenthalts in „Il Paese" beschließen wir, in die Schlucht hinabzusteigen, von der „Il Paese" umgeben ist. Ein steiler Weg führt hinunter, vorbei an Felswänden mit ihren Höhlen, die früher vielleicht einmal Gräber waren, vielleicht aber auch nur Ställe oder Vorratskammern, in den Fels gehauen. Am Grund der Schlucht angekommen, umgibt uns die schwüle Luft wie eine Glocke. Wir wollen den Weg, der dort um den Ort führt, erkunden. Nach einigen hundert Metern stellen wir fest, dass Gestrüpp aller Art, Brenn-Nesseln und Brombeerranken uns das Weiterkommen immer mehr erschweren. „Bleib du hier" befiehlt mir der Gefährte, „ich habe die festeren Jeans an. Da kommen die Dornen und Brenn-Nesseln nicht so durch". Ich gehorche nur allzu gern, denn ich bin jetzt schon ziemlich zerstochen, hauptsächlich an den Beinen. Ich warte also und betrachte diesen grünen Dschungel. Ein paar Meter weiter rauscht der Bach, kaum sichtbar zwischen dem Gewirr der Pflanzen. Wenn man ihn überqueren würde, käme man auf einen Weg, der unter den Felsen vorbeiführt, die hoch über mich ragen und in denen die Etruskergräber klaffen. Am bemoosten Rand eines Brunnens sitzt eine kleine Kröte. Ich schaue sie an und empfinde beim Blick in ihre gelben Augen plötzlich etwas von dem Bewusstsein dieser Kreatur. Nur einen Augenblick lang, aber das genügt, um mir klarzumachen, dass gerade etwas außergewöhnliches geschehen ist. Vielleicht haben die Etrusker diese Gabe besessen, mit den Kreaturen der Schöpfung in Kontakt zu treten. Später erinnere ich mich an die Bemerkung von Umberto di Grazia, dass die Etrusker die Fähigkeit der Transformation hatten.

Nach einer Weile kommt Peter zurück „Noch zwanzig oder dreißig Meter" meint er, „dann ist das Gestrüpp so verfilzt und dicht, dass man höchstens noch mit einer Machete weiterkommt. Aber ich habe Bekanntschaft mit einem toten Etrusker gemacht."

Ich starre ihn entgeistert an. „Ja," bestätigt er. „In dem Hang, fast direkt unter unserer casa etrusca, steckt ein menschliches Skelett. Morgen hole ich mein Buschmesser und haue uns den Weg frei bis an diese Stelle. Dann kannst du es dir selber anschauen. Für heute reicht es mir" fährt er fort und wischt sich den Schweiß von der Stirn, dann treten wir den Rückweg an.

Es dauert aber noch eine Weile, bis wir unser Abenteuer wiederholen können. In den nächsten Tagen ist es so heiß, dass wir einen Hitzschlag riskieren würden beim Versuch einer weiteren Exkursion in diese grüne Hölle. Wir widmen uns wieder mehr dem Dorf und seinen Bewohnern. Mittlerweile kennen sie die „armen, aber offensichtlich harmlosen Irren", die, anstatt am Meer zu liegen wie alle anderen, lieber bei glühender Hitze hier herumlaufen und immer wieder die Straßen und Gassen durchstreifen. Anscheinend finden sie uns nett und sind auch geschmeichelt, dass wir ihnen und ihrer Geschichte so viel Aufmerksamkeit widmen.

Der Wirt in der einzigen Trattoria innerhalb des Dorfes unterhält sich gerne mit uns, auch die anderen beginnen uns zu fragen, wo wir denn herkommen und wie es uns hier gefällt. Sie verstehen unser Interesse nicht, aber wir werden, vielleicht als willkommene Abwechslung, angenommen. Für sie ist diese „Anderswelt" mit der einzigartigen Stimmung, dem Geruch von Holzkohlenfeuern, den Mauerseglern, die am Abend immer um den Turm fliegen und den Stimmen in der Nacht, die von der Schlucht herauf tönen, die Alltagswelt.

Noch vor 40 Jahren wussten sie nichts von ihrer eigenen Geschichte und auch nichts oder wenig von der Welt da draußen. Sie lebten und leben seit jeher mit jenen gestaltlosen Wesen, die hier ebenso wohnen wie sie selbst und daher ein Teil von ihnen geworden sind.

Unser Wirt erzählt uns eines Tages, wie er als Junge hier immer in der Umgebung und der gegenüberliegenden Nekropole herumstreifte. Einen herrlicheren Abenteuerspielplatz kann man sich für einen Halbwüchsigen nicht vorstellen. Nur vor einem Mann, da hatte er immer Angst, denn manchmal sah er, wie sich dessen Gesicht plötzlich in das eines Wolfes verwandelte. Mit einem Mal, während er noch redet, wird er starr vor Schreck und ruft: „Schaut, da geht er gerade vorbei!" Ich weiß bis heute nicht, ob er in diesem Augenblick einen realen Menschen gesehen hatte oder ein Produkt seiner Fantasie.

Mit dem Jeep von Silvio fahren wir einige Tage später wieder an die Stelle, wo Peter das Skelett gefunden hat. „O dio", stöhnt er, als er das dichte Gestrüpp mit seinem robusten Gefährt durchbricht, „das war aber, als ich das letzte Mal hier war, noch lange nicht so dicht". Aber er bestätigt uns, dass es sich bei unserem Fund tatsächlich um menschliche Knochen handelt. Die Erdschicht, in welcher der Tote lag, ist noch aus der proto-etruskischen Zeit, wie es so schön heißt, also wesentlich älter, als wir dachten. Im übrigen wird hier kein Archäologe den Fund oder Fundort untersuchen. Ein mattes Interesse bekundet allenfalls der Geometra, aber das geht nicht so weit, dass er unsere Entdeckung melden würde. Ein Jahr später finden wir die Überreste noch genau so, wie wir sie verlassen haben. Unglücklicherweise erzähle ich ein weiteres Jahr später einem Bekannten von uns, einem italienischen Grafen, mit dem ich das Tal durchstreife, von dem Skelett. Als wir an die Stelle kommen, beginnt er wie ein junger Hund zu buddeln und gräbt nach und nach sämtliche Knochen aus, um sie in seinem Rucksack zu verstauen.

Ich stehe sprachlos und etwas betreten daneben und weiß nicht, wie ich ihn von seinem Tun abbringen kann. Er aber lässt sich nicht stören, und letzten Endes ist mein einziger Kommentar am Schluss: „Wenn Sie bei unserer Rückfahrt nach Deutschland im Zug mit den Knochen im Rucksack erwischt werden, dann sage ich den Zöllnern, dass ich Sie noch nie gesehen habe." Meine Frage, warum er so versessen auf dieses Gerippe ist, beantwortet er nur mit dem lapidaren Satz: „Ich mag Knochen". Solches Verhalten mag abwegig erscheinen, aber schließlich hat sich niemand dort um dieses Jahrtausende alte Skelett gekümmert, und wenn er glaubt, damit magische Praktiken ausüben zu können – nun, die Etrusker werden ihn bestrafen, wenn ihnen sein Tun nicht gefällt. Und sie haben ihn bestraft – aber das ist eine andere Geschichte ...

Im Herbst wird Wein gekeltert. Fast jeder hat hier ein Stück Land, auf dem er seinen Wein anbaut. Die Fässer werden gereinigt, im Dorf riecht es nach Wein, der sich mit dem Geruch des Holzkohlenfeuers mischt, mit dem manche hier noch kochen. Die Abende werden frischer, aber die Tage sind mild und werden es noch eine ganze Weile bleiben. Wir werden zum Weinverkosten eingeladen, und am Schluss fährt uns Salvatore mit seinem Traktor durch das Dorf bis zu dem Haus, in dem wir nächtigen, seitdem wir beschlossen haben, nicht mehr in der „casa etrusca" zu wohnen. Es gehört Emilio und liegt etwas außerhalb des Dorfes. Der Garten ist groß, teilt sich in Blumenbeete, Rasen, und einen Teil fürs Gemüse. Eine kleine Pinienallee zieht durch ihn hindurch, aber sie führt nicht zum Haus, sondern endet merkwürdigerweise am Swimmingpool, in dem jedoch niemand badet, sondern der längst zur Behausung von jeder Menge Wassertiere geworden ist. Sogar Frösche quaken darin und übertönen in so mancher Sommernacht den Gesang der Nachtigallen.

Auch hier gehört die Nacht den anderen, jenen, die einmal jemand „die mehreren" genannt hat. In der Abenddämmerung sitze ich noch eine Weile im Garten und träume in die „blaue Stunde" hinein. Wie kommt diese merkwürdige „Etruskerstimmung" zustande, die uns hier immer wieder, an den unterschiedlichsten Stellen, oft ganz unvermutet, überfällt?

Plötzlich steht er vor mir, der etruskische Merlin mit seinem spitzen Hut und den schwarzen Augen. „Woher kommst du und wer bist du?" frage ich ihn in meinem Gedanken. „Ich bin der Geist des Ortes, aller Orte in diesem alten Land", antwortet er. „Ihr nennt es den Genius loci. Ich war schon immer da, denn ich bin ein Teil dieser Erde. Aber die Menschen, die sich hier ansiedelten, spürten mich. Sie stärkten mich durch ihren Glauben, ihre vielen Opfergaben und die Magie ihrer Priester. Ich bin aber auch die Summe all dessen, was hier gedacht und getan wurde" – „Aber das ist doch schon so lange her", wage ich einzuwenden.

„Was spielt Zeit schon für eine Rolle" Er schüttelt den Kopf. „Es ist auch nicht wichtig, wie die Menschen mich nennen oder wie sie ihre Götter nennen! Das, was alles geschehen ist, im guten wie im bösen, bleibt hier zurück. Für Euch sind es Energiefelder – einige Eurer Gelehrten sind im Begriff, dem Geheimnis wieder auf die Spur zu kommen, es neu zu entdecken. Manchmal werden die Gedanken und Empfindungen, sowohl die Freude wie auch das Leid der Menschen, die hier gelebt haben und die besonders stark waren, zu Gestalten, die für manche von Euch plötzlich auftauchen können – für einen Augenblick lang nur, aber das erschreckt Euch dann! Doch Ihr braucht keine Angst zu haben. Die Menschen, die uns mögen und zu verstehen versuchen, die lieben wir auch und nehmen sie gerne in unserem schönen Land auf. Aber die anderen, jene, die uns ablehnen oder womöglich abfällig über uns reden, die stoßen wir wieder ab, und sie werden

hierher nie wieder kommen!"
„Ich verstehe aber vieles nicht, was Ihr getan habt" gestehe ich.
„Warum habt Ihr Euch gegenseitig nicht geholfen? Warum habt
Ihr zugelassen, dass Euer schönes reiches Veji von den Römern
erobert wurde, warum habt Ihr Euch erst so spät gegen die Römer
zusammengeschlossen?"
Irre ich mich oder wird sein Gesicht wirklich traurig?
„Es war das Fatum", erwidert er leise. „Nur eine begrenzte Zeit ist
es sowohl den Menschen, als auch den Völkern bestimmt zu leben.
Die Verhüllten setzen die Grenzen eines jeden Schicksals. Nur
innerhalb dieser Grenzen ist es dem Menschen möglich, sich frei
zu entscheiden. Er kann verzögern, kann vielleicht etwas abmildern,
aber zuletzt kommt doch alles so, wie es die, deren Namen man
nicht nennen und deren Gesichter man nicht schauen darf, schon
seit Beginn aller Zeiten beschlossen haben. Deshalb haben die
Lukumonen des Volkes der Rasenna sich geweigert, einzugreifen
und den Städten von Bündnissen abgeraten. Es hätte nur ihr Leiden
verlängert, und am Ende hätten doch die Römer gesiegt."
Auch ich werde traurig, wenn ich ihn so reden höre. Er sieht meine
Trauer und sein Blick wird liebevoll, fast gütig.
„Du musst noch vieles lernen, von dem du bisher keine Ahnung
hattest. Aber Du hast hier eine Aufgabe. Denn eines könnt Ihr
Menschen der heutigen Zeit – Ihr habt die Möglichkeit, über alle
Zeiten hinweg von uns etwas zu lernen, was Ihr schon lang verlernt
hattet! Ihr könnt versuchen, uns zu verstehen, uns und unsere Art,
die Dinge zu sehen!"

Weg war er, der liebenswerte Geist Etruriens, der scheinbar beschlos-
sen hatte, mir auf die Sprünge zu helfen, weil er mein stümperhaftes
Herumsuchen nicht mehr ertragen konnte!
Mir fällt der italienische Schriftsteller Moravia mit seinen Büchern
„Verdammte Toskaner" und „Verflixte Italiener" ein. Im Letzteren
ist ein Kapitel den Phänomenen des alten Etruriens gewidmet: Den
Schatten, die des Abends aus der Erde kriechen und immer dichter
werden können, den Menschen, die mit einem Male ein so etruskisches

Aussehen bekommen. Aber es bleiben flüchtige Eindrücke, die bei einem weiteren Besuch wieder verschwinden. Vielleicht, weil er Angst davor hat?

Ich jedoch beschließe, vor den Etruskern keine Angst zu haben. Zu vertraut schon ist mir dieses „Etruskergefühl", zu groß mein Wunsch, zu verstehen. Und so wird „Il Paese" und seine Umgebung speziell für mich zu einer ganz besonderen Art von „Schule", in der ich lerne, dass nichts, kein Gedanke, keine Empfindung und kein Wort jemals verloren geht.

Im Naturpark

Reste einer
frühchristlichen
Kirche, erbaut
aus den Steinen
eines heidnischen
Tempels

Der Zaubergarten

Columbarien aus römischer Zeit

Der Weg in die Schlucht

Im Naturpark

„Ich würde niemals in die Schluchten hinuntersteigen oder in den Naturpark gehen!" Die gute alte Signora Montebusa schaudert allein schon bei dieser Äußerung. „Warum nicht?" frage ich etwas verblüfft. Ich kann mir nicht vorstellen, so wie sie viele Wochen hier zu verbringen und nie den Naturpark oder die Nekropolen zu besuchen. „Dort gibt es Schlangen und Skorpione. Da würde mir so davor grausen, dass ich keinen Schritt weitergehen könnte", so die alte Dame.

Wenn die Signora wüsste, was ihr da außer den Schlangen und Skorpionen entgeht – nämlich ein beeindruckendes Erlebnis, eines der schönsten, das man in Etrurien haben kann! Nun, wenn man 80 Jahre alt ist, dann ist man wahrscheinlich schon glücklich, wenn man noch im Auto hierher fahren, aus dem Fenster schauen, mit den Leuten plaudern und in Büchern lesen kann, was es so alles in Etrurien zu besichtigen gibt.

Wir wollen jedenfalls heute eine ausgedehnte Wanderung durch den Naturpark und einen Teil der Nekropolen machen, und dazu müssen wir in die Schlucht. Es ist Anfang September, die brütende Sommerhitze ist vorbei, nach dem Regen der letzten Woche scheint alles wieder grüner geworden zu sein. Gute Schuhe und feste Jeans sollte man auf einer solche Wanderung schon tragen.

Die canyonartige Schlucht mit ihren durchlöcherten Felsen, an deren Grabhöhlen noch Reste des einstigen Verputzes zu sehen sind, zieht sich um den ganzen Ort. Unzählige Gräber sind dort in dem grünen Dschungel verborgen – Gräber, um die sich keiner mehr kümmert, es sei denn als gelegentlichen Unterschlupf für Schafe und Esel.

Wir verlassen „Il Paese", das hoch auf dem Tuffplateau liegende Dorf, über den alten steilen Weg, der in mehreren Windungen auf den Grund der Schlucht hinunterführt. Zu unserem toten Freund vom Jahr zuvor – vielmehr zu der Stelle, an der wir ihn gefunden haben, wollen wir nicht gehen. Der Weg ist uns durch Gestrüpp und

Brombeerhecken, deren dornige Ranken dort ein undurchdringliches Dickicht wie um das Schloss von Dornröschen bilden, versperrt. Nein, wir wollen ins benachbarte Dorf gehen, dem alten Weg, den man im Mittelalter benutzt hat, folgend. Der führt uns zunächst mal, dem Wegweiser nach, über eine kleine Furt an das andere Ufer des Flüsschen, das sich hier unten durchwindet. Ein schmaler, doch gut begehbarer Weg führt zur linken unterhalb der Hänge vorbei, an denen Alpenveilchen blühen und über denen schweigend die Felsen emporragen. Zur rechten Seite wird das Flussufer jetzt steiler. Zwischen den Büschen links und rechts von unserem Weg hat eine Spinne ihr Netz so gespannt, dass wir es beim Passieren entweder zerreißen oder uns bücken müssen, um unten durchzukriechen. Wir machen letzteres. Die Spinne hat die älteren Rechte, so finden wir. Wir ziehen weiter und erblicken rechter Hand plötzlich Mauerreste, fast völlig überwuchert von Efeu und Schlingpflanzen – Ruinen mittelalterlicher Gebäude oder alter Befestigungen. Zu welchem Zweck hier so etwas wohl gebaut wurde? Unsere Phantasie reicht im Augenblick nicht aus, uns vorzustellen, was hier früher war. Wenig später gähnt über uns im Abhang eine riesengroße Höhle aus von Wind und Wasser geglättetem, gelben Tuffstein. Das wollen wir uns näher ansehen! Wir klettern den Hang hinauf, durch Laub vom letzten Jahr, zwischen Farnen, allerlei Büschen und kleinen Bäumchen hindurch bis zum Eingang der Höhle. Dort ist in den weichen Waldboden ein Pentagramm eingeritzt, nicht weit davon steht eine Schale mit Körnern und eine mit Wasser. Wer hat hier Beschwörungen und Rituale vollzogen? Irgendwelche Ragazzi, die auf dem Etrusker-Trip sind oder, in Italien schon immer weit verbreitet, Geisterbeschwörungen versucht haben? Hier könnten sie mit Geistern ganz besonderer Art Bekanntschaft machen, denn die Etrusker, so scheint mir immer mehr, sind die lebendigsten Toten, die man sich vorstellen kann ...

Wir wagen uns weiter in das Dunkel der Höhle, merken aber bald, dass sie im hinteren Teil eingestürzt ist – also wieder zurück auf den Hauptweg, der – etwas felsig und immer schmaler werdend, plötzlich am Bach aufhört, um am anderen Ufer weiterzuführen. Also müssen wir ihn mit großen Schritten von einem Stein zum anderen balancierend, überqueren. Wir haben etwas Mühe, immer gerade die passenden Steine zu finden, denn manche sind spitzig, viele feucht und andere bemoost. Dieses Spiel wiederholt sich von da an noch einige Male, denn der kleine Fluss schlägt hier in Windungen die Richtung zum Nachbarort ein. Wir bemerken, dass der Wald immer dichter und die Bäume immer höher werden. Buchen und Eichen sind hier vorherrschend. Obwohl es windstill ist, hören wir ihr Rauschen über uns. Sie erzählen uns eine geheimnisvolle Geschichte von den Menschen, die einst diesen Weg gegangen sind, als Wächter, Soldaten oder Pilger. Von unserem Hauptweg zweigen immer mehr Pfade ab, die entlang der fast völlig unter dem Grün der Pflanzen versteckten Grabhöhlen zu einem Hochplateau führen, durch urwaldähnliches Dickicht, wo Lianen und Ranken uns den Weg versperren. Da stehen wir plötzlich vor einer kleinen Mauer, an der unser Pfad ein Stück entlang führt. Sie entpuppt sich als die Einfassung einer Quelle vom schönsten dunkelsten Blau, das ich je gesehen habe. Sie ist groß und sehr tief – fast schon wie ein kleiner Teich, von unregelmäßigen Steinen ummauert – direkt zwischen den beiden Dörfern. Ein großer Schatz für die Bewohner und, das wird uns schlagartig klar, ein ständiger Streitpunkt! Vorbei das Rätselraten, warum es zwischen „Il Paese" und dem anderen Ort immer wieder Grenzstreitereien gab. Um diese wunderbare Quelle, die Geist und Seele erfrischt, und an der an warmen Tagen die Nymphen und Wassergeister miteinander spielen und scherzen, muss der Streit gegangen sein! Wer im Besitz dieser Quelle war, dem halfen jene Wesen aus dem Zwischenreich, der hatte nie versiegendes Wasser.

Hier hätten die Ragazzi oder wer immer es war, die dort bei der Höhle ihre Rituale abgehalten hatten, ein Opfer für die Geister niederlegen sollen, denn wen sollte man günstiger stimmen in einem Land, wo Wasserrituale von seinen Bewohnern in den alten Zeiten so häufig abgehalten wurden und sowohl das Wasser als auch dessen sinnvolle Nutzung von alters her so wichtig war!

Die Nymphe Vegoia war es, die dem König Tarquinius ihre Schriftrollen über die letzten Geheimnisse angeboten hatte. Aber der Preis dafür war ihm zu hoch gewesen, und so hatte er nur eine genommen. Hätte er alle gekauft, dann wäre den Etruskern vielleicht ihre endgültige Niederlage gegen die Römer erspart geblieben, denn wer weiß, was sie dann erfahren hätten!

Das flüstern mir die Geister der Buchen und Eichen zu, als ich unter ihnen verweile, denn dies hier ist der Wald meiner Kindheitsträume, wo in meiner Fantasie in den Schluchten die Nymphen, Gnome und Ungeheuer hausten. Hier ist alles, was ich mir damals ausgemalt habe. Die tiefe Höhle, der dichte Wald, auf dessen Grund zwischen Farnen und Büschen die schönsten Waldblumen wachsen, und dann noch die unerschöpfliche Quelle, die nie versiegt und von der man immer trinken kann.

Aber dann verliert sich der Weg zwischen Felsen und Dickicht, wird teilweise fast unpassierbar und ist nicht mehr klar auszumachen. „Il Paese" hat ihn gepflegt und in Schuss gehalten, die Nachbargemeinde nicht. Auch das ist eine Metapher, so empfinden wir. Wir können in unserem Leben nur bis zu einem bestimmten Punkt gelangen, dann sind uns natürliche Grenzen gesetzt. Jedem und allem ist eine Schranke gesetzt, die wir nicht überschreiten sollten, wenn wir uns nicht im Dickicht verirren wollen. Im nächsten Leben ist es uns vielleicht möglich, diese Grenze zu passieren – in diesem nicht, denn ein Leben reicht nicht aus, um alles zu lernen.

Vor den Toren von „Il Paese" liegt eine große Kirche, fast schon ein Dom, der jedoch immer wegen Restaurierungsarbeiten geschlossen ist. Ihn umgibt der Friedhof mit kleinen gemauerten Häuschen, in deren Nischen die Aschenurnen der Verstorbenen stehen, meist steht ein Foto dabei, geschmückt mit Blumen, die oft schon verwelkt sind. Hinter dem Friedhof beginnt hundert Meter weiter der Naturpark, der mit seinen im Frühsommer vom Ginster bedeckten Hügeln, den in grün, braun und grau abgestuften Farben seiner Felsen weit weg von allem ist, was ich an Landschaften kenne. Die Toskana mit ihren sanften grünen oder gelben Hügeln, auf denen Zypressen in kleinen

Gruppen stehen oder hintereinander emporsteigen, scheint fern, denn diese Landschaft des nördlichen Lazio ist ganz eigen, ohne Vergleich und will auch mit nichts verglichen werden. In den Mulden finden sich Wasserstellen, wo die großen weißen Maremmakühe ihren Durst löschen können, die immergrüne Macchia bedeckt große Teile des Landes, der unvermeidliche Affodill blüht hier in hellen Haufen und über mir kreisen Raubvögel, vor allem Falken, deren Artverwandte im Mittelalter Kaisern und Königen bei der Jagd gedient haben.

Doch immer wieder zieht es uns zu dem großen Grabhügel, der eigentlich aus mehreren Gräbern besteht. Daneben ragen die Reste eines Heiligtums aus der Erde, das einst - aus dem Tuff gehauen, wohl ein kleiner Tempel für die Totenfeierlichkeiten gewesen war. Hier verbringen wir einige Nachmittage, träumen in den blauen italienischen Himmel hinein und versuchen uns vorzustellen, was es mit diesen felsigen Überresten für eine Bewandtnis hat. Einmal erlebe ich im Traum das Ritual, welches sich vor 2600 Jahren hier abgespielt hat. *Kleine Gestalten, nur schemenhaft zu sehen, begießen ringsum alles mit Wasser. Wasser aus einer Quelle, die hier in der Nähe war, mittlerweile aber versiegt ist.* Ich denke an den heiligen Quellbezirk von Veji und den dort gefundenen „Tempel des Apoll", der aber in Wirklichkeit Tempel einer ganz anderen Gottheit war. Und einmal mehr steigt der Wunsch in mir auf, das antike Etrurien zu erleben.

Ich muss erneut eingenickt sein, denn auf einmal sehe ich ihn wieder vor mir, meinen Freund aus Merlins südlichem Reich.

Er lächelt mich freundlich an und spricht: „Oh, meine Freundin aus dem Norden! Begreifst du uns denn wirklich? Wie, glaubst du, ist ein Tag in dem Land, das du Etrurien nennst, abgelaufen? Wir haben stets nach dem Willen der Götter gefragt. Bei jeder Entscheidung, die uns bevorstand, haben wir den Göttern geopfert, haben versucht, ihren Willen zu erforschen. Vor jeder Reise, die einer aus unserem Volk machte, wurden wir, die Priester, aufgesucht, damit wir aus dem Flug der Vögel oder der Leber eines Tieres deuten konnten, wie die Reise verlaufen würde. Die

Römer, das hast du ganz richtig erkannt, haben einen Handel mit ihren Göttern abgeschlossen. Uns war das unmöglich! Unsere Götter waren gesichtslose Mächte – das hast du fast begriffen, aber nur fast! Denn nur unsere Angst hat uns dazu gebracht, ihnen Gesichter zu geben und sie damit menschlicher zu machen! Die Griechen hatten das vor uns schon begriffen, und so haben wir ihr System, wie du sagen würdest, übernommen. "

Ich begreife in diesem Augenblick, dass eine solche Haltung mehr ist, als einfach der Wunsch, in die Zukunft zu schauen. Es ist das Gebot, nicht gegen den Willen der Götter, der namenlosen oder der verhüllten, zu verstoßen, statt dessen in ihrem Sinne zu handeln, denn Ungehorsam oder Nichtbeachten ihrer Beschlüsse würden schreckliche Folgen nach sich ziehen. Mir ist nun auf einmal klar, was die Geschichtsforscher einfach nicht in der Lage sind zu begreifen, nämlich, dass die Etrusker damit im Einklang mit der Natur und ihren Kräften stehen wollten. Während in unserer Religion durch den angeblichen Befehl Gottes *„Macht Euch die Erde untertan"* die Beherrschung der Natur und damit auch der Missbrauch vorprogrammiert ist, wäre eine solche Haltung für die Etrusker verwerflich und damit unmöglich gewesen.

„Aber wo seid ihr denn hergekommen?" frage ich etwas zusammenhanglos, doch schließlich ist das die Frage, mit der wir, Peter und ich, uns schon lange herumquälen.
Irre ich mich oder schmunzelt er vergnügt vor sich hin?
„Ihr werdet es noch erfahren. Aber erst, wenn der Ort in den Bergen, weit nördlich von hier, gefunden wird, wo wir – vielmehr meine Nachfolger – kurz vor der endgültigen Niederlage gegen die Römer – unsere Steintafeln aus alter Zeit verborgen haben, damit sie eines Tages, wenn die Zeit erfüllt ist, gefunden werden. Ich sage dir nur eins: Sie haben alle recht und doch nicht recht, die unsere Abstammung erklären wollen. Ich rate dir aber: Ihr, die ihr die Mittel habt, auch in die entferntesten Länder zu reisen – geht in alle Länder des Mittelmeers, wenn ihr Spuren von uns finden wollt! Geht nach Kleinasien, nach Kreta und auch nach Sardinien.

Denkt daran, dass wir uns Rasenna genannt haben und versucht, unseren Namen in diesen Ländern zu finden!"

Ich versuche, zu verstehen, was er mir da empfiehlt.

„Ja seid ihr denn von dort gekommen?" Er schüttelt betrübt den Kopf. „So einfach ist es nicht! Aber es ist wichtig für dich, dorthin zu fahren, denn dann kannst du uns besser begreifen. Du hast noch einen weiten Weg vor dir. Einst bist du in einem früheren Leben eine der Unseren gewesen. Aber du hast damals nicht begriffen, dass man sich dem Willen der Götter fügen muss. Du hast dich verhalten wie eine Römerin und versucht, mit den Göttern zu handeln. Und als sie, die Mächte des Alls, auf deinen Handel nicht eingingen, hast du beschlossen, dass es sie für dich nicht gibt! Als ob man sie damit besiegen könnte! - Du willst hier leben? Das wirst du erst dann, wenn du begriffen hast."

„Was begriffen?"

Aber auf einmal ist er verschwunden. Er hat sich gleichsam in Luft aufgelöst, die jetzt an dieser Stelle noch etwas flimmert.

Ich erwache aus meinem merkwürdigen Halbschlaf und merke, dass dieser Tag-Traum etwas anderes war – etwas, das aus den Tiefen meines Unbewussten gekommen ist.

Sardinien hat er mir geraten. Die Nuraghen? Ich habe schon oft von ihnen gehört, jenen merkwürdigen turmähnlichen Steinbauten, ineinandergefügt ohne Mörtel, so wie die Etrusker ihre Stadtmauern bauten. Niemand weiß, wozu sie gedient hatten, denn ihre Erbauer sind unbekannt. Aber werde ich die Etrusker dadurch wirklich besser verstehen, wenn ich die Nuraghen besichtige? Erst viel später sollte ich erfahren, was es mit diesen steinernen Zeugen der ältesten Vergangenheit auf sich hat. Syrien mit seiner uralten Kultur kommt mir in den Sinn, die Seevölker, von denen ein Teil „Rasna" genannt wurden.

Eines ist mir aber jetzt schon klar geworden. Die Wurzeln aller Mittelmeervölker, ob das Griechen, Spanier oder Italiener sind, reichen viel weiter zurück, als wir uns das vorstellen können. Das eine ging aus dem anderen hervor, die Wanderungen einzelner Gruppen und Stämme waren schon in prähistorischer Zeit viel umfangreicher als bisher angenommen. Auch neueste Forschungen bestätigen das. Und so wird sich auch die Meinung über die Etrusker bei den aufgeschlossenen Wissenschaftlern mit der Zeit ändern. Ich selbst habe inzwischen begriffen, auf was es ihnen ankam.

Etruskische Geistigkeit

Es verging einige Zeit, bevor ich ihn wieder zu Gesicht bekam, meinen Freund aus der Anderswelt Etruriens.
An einem heißen Nachmittag – ich bin allein in jenem Haus von Emilio und habe mich, da die Temperaturen einen Aufenthalt im Freien nicht ratsam machen, ein wenig hingelegt. Ich muss wohl eingedöst sein, während von draußen nur das Zirpen der Grillen und hin und wieder der unwillige Schrei eines Vogels zu hören ist, den irgend etwas aufgeschreckt hat. Gedankenfetzen über die Etrusker tauchen auf – eine unbestimmte Schläfrigkeit überkommt mich – da sehe ich ihn wieder vor mir stehen. Und das ist es, was er mir erzählt:

„Du musst wissen, dass in vergangenen Zeiten die Völker der Erde noch ganz in die Natur und den Himmel eingebettet waren. Es gab damals noch keine Technik, wie Ihr sie heute kennt, denn Atlantis war längst untergegangen und hatte so gut wie nichts an materiellen Dingen zurückgelassen. Nur Reste des alten Wissens hatten überlebt, doch die waren verstümmelt und entstellt durch die vielen Überlieferungen, die immer ungenauer und verschwommener weitergegeben wurden.
Dennoch, in vielen – oft weit voneinander entfernten Völkern – lebten noch lange Zeit die alten Kenntnisse weiter. Jedoch sie waren aufgesplittert. Kein Volk hatte das ganze Wissen von Atlantis, jedes nur einen Teil davon. Babylon bewahrte die Kunde von Gilgamesch, Indien die Upanishaden der Veden, die Juden besaßen die Bücher des Moses und die heilige Bundeslade und die Ägypter das Totenbuch, die Cheopspyramide und die Sphinx.“

„Warum hatten gerade die Ägypter so viel von den alten Lehren bewahrt?" wage ich zu fragen.

„Die Ägypter hatten eine besondere Aufgabe" antwortet der etruskische Merlin. *„Sie waren in direkter Linie die Erben von Atlantis und damit beauftragt, ihr Wissen an die Völker weiterzugeben, die den westlichen Teil der Erde besiedeln sollten. Die ägyptischen Priester – es waren immer die Priester, die das Wissen und die Macht hatten – waren Nachkommen der Altantiden, jener Priester, von denen aber auch das Unheil in Atlantis ausgegangen war. So war ihre Aufgabe gleichzeitig auch ihre Strafe..."*

Mir fällt ein, dass der große ägyptische Pharao Ramses, wie neueste wissenschaftliche Untersuchungen bewiesen hatten, rotblond gewesen war, nicht von dunkler Haut und dunklem Haar, wie man sich die ägyptische Bevölkerung vorstellt und wie die Ägypter auch in den Gräbern der Pharaonen dargestellt sind.

„Also hat es einmal eine einzige Gruppe Überlebender gegeben, von denen dann kleinere Gruppen in die ganze Welt hinausgingen, um eine neue Menschheit hervorzubringen" folgerte ich.

„So war es – oder fast so", bestätigt der Geist.

„Es gab nur wenige Inseln des Überlebens. Sie befanden sich im hohen Bergland, wohin sich jene gerettet hatten, die von der nahenden Zerstörung mit Hilfe der höchsten Wesen geflohen waren. Mehr darf ich dir darüber nicht sagen. Einige Jahrtausende dauerte es, bis die Völker der Erde wieder stark und zahlreich genug waren, um euer heutiges Europa und damit auch Italien zu besiedeln. Dieses Land hier nannte man lange Zeit nur ,Kälberland', wegen seiner primitiven Hirtenvölker, die dort lebten und deren ganzer Stolz ihre Rinder waren. Aber inzwischen war das alte Wissen noch mehr zersplittert worden".

Er seufzt ein wenig.

„Wisse, dass ich dir noch nicht von den Zeitaltern erzählt habe. So viele Zeitalter gibt es, wie das Jahr Monate hat. Und so viele Tierkreisfelder durchläuft auch unsere Sonne. Jeder Monat ist anders als der darauffolgende, und so ist es auch mit den Tierkreisen. Für jeden Tierkreis, den die Sonne durchläuft, braucht sie etwa 2000 Jahre. Und so wie jeder Monat sich in Wärme und

Wachstum der Pflanzen vom anderen unterscheidet, so ist es auch mit den Tierkreisen. Dieses Wissen ist das wichtigste, um die Dinge des Alls und auch die Geschicke der Menschheit zu verstehen. Und dieses Wissen ist auch das einzige, das den Priestern aller Völker als Ganzes erhalten blieb."

Mit dieser Erforschung der Sternzeichen ging der Glaube an die Wiederkehr von allem einher. So wie das Rad der Tierkreiszeichen die Zeiten durchläuft und jedes Sternzeichen nach Äonen wiederkehrt, so schwindet und kehrt auch der Mensch wieder.

Damals, als jenes Wissen an die Auserwählten weitergegeben wurde, befand sich die Sonne gerade auf der Schwelle zwischen dem Zeichen des Stiers zum Zeichen des Widders.

Der Zug der Argonauten, um das goldene Vlies zu rauben, die Sage vom Minotaurus auf Kreta, den Theseus tötete, die Malerei eines Grabes in Tarquinia, das einen Stier mit Menschenkopf zeigt, das sind Erinnerungen an das Schwinden des Stiers zugunsten des Widders.

„Wir befinden uns jetzt auf der Schwelle zwischen Fische und Wassermann" – Ich bin stolz darauf, ihm das sagen zu können.

„Ja, so ist es" - er nickt mir freundlich zu. „Ihr redet immer von Energien – also nenne ich jene Kräfte ebenso. Aber es sind Geist-Energien, ausgehend von dem einen, alles umfassenden Geistwesen, das unser aller Sein bestimmt.

Das letzte Zeitalter, in dem noch das Fühlen und nicht der Verstand vorherrschte, war die Zeit des Widders. Aber längst vergangen waren die Zeitalter, als die Menschen die Gottheit im Kosmos noch völlig begriffen hatten und eins mit ihr gewesen waren. Dieses Begreifen muss aus der Seele kommen, nicht aus dem Verstand.

Beim Übergang vom Stier zum Widder begannen sich einige Gruppen von dem Gebiet, das Ihr Kleinasien nennt, aufzumachen in die Länder des Westens. Das war der Beginn der Geschichte jener Menschen, die Ihr heute ‚Etrusker' nennt und die sich selbst Rasenna nannten. Diese Rasenna wussten jedoch nur von 10 Zeitaltern, da die anderen beiden völlig im Dunkel versunken waren. Daher gab es für die „nomen tuskum", wie die Römer sagten – für den etruskischen Namen nur 10 Saeculi, also 10 Menschenalter.

Etwas war geblieben in diesem Zeitalter des Widders: Das Gefühl für die Lebendigkeit der Erde und dessen, was sie hervorbrachte – seien es Steine, Pflanzen oder Tiere. Ebenso das Fühlen für die Verbindung von allem zu allem, und das Staunen darüber, wie stets alles mit allem harmonierte.

Wir Rasenna oder Rasna spürten noch den Atem des Kosmos, fühlten uns von den lenkenden Kräften umgeben und so war alles heilig, was uns umgab."

„Ich freue mich, dass Du so schnell begriffen hast, was die Sage des Tages, jenes göttlichen Kindes, bedeutet" fuhr er fort. „Das Wissen um die Kräfte der Erde, das war einer der wichtigsten Bestandteile unserer Geistigkeit. Noch einmal brachten Menschen, die sich auf die Wanderschaft gemacht hatten, Wissen zu anderen Menschen, die vom geistigen Strom durch den Lauf der Zeit abgeschnitten waren. Sie hatten nur armselige Reste der alten Kulturen bewahrt. Das haben Eure Gelehrten richtig erkannt. Durch die Zuwanderer aus dem Osten erhielten die dort Ansässigen neue Impulse, auch eine neue Geist-Energie, dadurch ein reicheres Geistesleben, aber vieles war verlorengegangen und sollte es für Äonen bleiben.

Etrurien galt als das Land der Heilkräuter, seine Priester als gute Ärzte. Die Mysterienschulen lehrten das Wissen, welche Pflanzen einander anziehen oder abstoßen. Sie wussten, dass in den Pflanzen unterschiedliche Kräfte leben, und so konnten sie vom Geistigen her auf den für Euch sichtbaren Körper wirken. Eure heutige Homöopathie versucht ja auch, den Körper vom – wie Ihr sagt, feinstofflichen Bereich her zu heilen.

Andere Volksstämme waren noch weiter in den Westen gezogen. Sie wanderten dorthin, wo Du, meine Freundin, geboren bist. Ihr Wissen war dem von uns Rasenna sehr ähnlich, wenn sich auch die Sitten und Gebräuche dem raueren Klima angepasst hatten. Daher – wenn Du nicht weiterkommst – greife getrost auf das wiederentdeckte Wissen der Kelten zurück. Es ist aus demselben Geist wie das der Rasenna. Beide Völker erlitten auch das gleiche

Schicksal. Sie wurden von den Römern besiegt, die schon völlig in Eurer jetzigen, materiellen, Welt lebten, die fast nur vom Verstand regiert wird. Da diese Welt im kommenden Zeitalter die andere vollständig verdrängen sollte und die Schwingung des Fischezeitalters alles andere verdrängte oder überlagerte, war es ihnen auch möglich, uns in dieser späten Zeit zu schlagen.

Das innere Schauen ist uns lange Zeit noch zu eigen gewesen. Daher brauchten wir auch keine Bilder von den Göttern. Denn sie waren um uns, und vor unserem inneren Auge gegenwärtig. Erst später war es notwendig, sich ein Bild von ihnen zu machen, als die Vorstellungswelt des Volkes verkümmerte und die materialistische Seite immer mehr in den Vordergrund trat.

Auch bei Euch im Norden finden sich riesige Hügelgräber. In dem Land, das Ihr Frankreich nennt, stoßt Ihr an der Küste des großen Meeres auf Dolmen und Menhire. Du brauchst nur nach Pupluna zu gehen, um etruskische Dolmen zu sehen."

Ich nicke eifrig. „ Ja. In Populonia war ich schon, und in der Bretagne auch. Aber Du erwähntest einmal Sardinien. Sind die Sarden zu Euch verwandt? Die Nuraghen haben doch keine Ähnlichkeit mit irgendwelchen anderen Bauten!"

Seine schwarzen Augen blitzen etwas unwillig.

„ Hör auf, dauernd an unsere Abstammung zu denken! Wir alten Völker entstammten alle ursprünglich einer einzigen großen Familie, nämlich den Überlebenden von Atlantis. Ich glaube, das habe ich Dir auch versucht zu erklären. Das Wissen um die Kräfte der Erde, die Kreuzungen der Erdströme, das ist es, was uns mit den Bewohnern Sardiniens verband. Hast Du einmal die Musik der sardischen Hirten gehört? Es sind die Klänge, die aus der Tiefe der Erde kommen. Vielleicht gelingt es dir, diese Schwingung aufzunehmen. Und dann begreifst du vielleicht auch, warum für uns Rasenna die ganze Welt von Klängen und Musik erfüllt war. Wir hörten noch die Melodie der Erde und der Dinge, die sie hervorgebracht hat. Eure Wissenschaftler haben mittlerweile erkannt, dass alles Schwingung ist. Ich und Du und Dein Gefährte, den Du Peter nennst, alle haben ihre eigene Melodie.

Erinnerst Du Dich an Euer Erlebnis in der Totenstadt von Cerveteri, dem Friedhof des alten Cisra? Einen kleinen Teil der alten Melodie Etruriens habt Ihr damals vernommen! Du hättest Dich nicht zu fürchten brauchen! Ich war damals schon um Euch. Ich habe Euch immer begleitet, wenn Ihr mit wachen Augen und Liebe im Herzen unser Land besucht habt!

Noch ein Wort zur sogenannten „etruskische Disziplin", jener Lehre, in der unsere wichtigsten Glaubensgrundsätze und Erkenntnisse - übrigens erst sehr spät - schriftlich festgehalten haben: Sie stellen den Aspekt der begrenzten Zeit, die ein Volk zur Verfügung hat, an erste Stelle.

Die Priester wussten, dass mit dem Fischezeitalter wieder eine neue Ära begann und das Alte vergehen musste. Daher maßen wir uns bei unserer Ankunft in Italien nur die verbliebene Zeit im Sternzeichen des Widders als unsere Lebenszeit zu. Jedoch auch wir, wie alle anderen Menschen, die jemals die Erde bevölkert haben, werden wiedergeboren, und mit uns auch die Geistigkeit, die uns eigen war.

Immer mehr besinnen sich die Menschen auf ihre Wurzeln, immer mehr erkennen, dass es notwendig ist, eine Brücke von der Vergangenheit über die Gegenwart in die Zukunft zu schlagen. "

Die Umrisse des etruskischen Merlins beginnen zu fließen, werden immer durchsichtiger, bis nur noch das mir schon bekannte Flimmern in der Luft von seiner Gegenwart zeugt. Auch das vergeht, und ich bin wieder allein. Ich schaue auf die Uhr, aber ich weiß nicht mehr, was sie vor seinem Besuch gezeigt hat. Habe ich geträumt oder ist er wirklich da gewesen?

Ich denke noch lange über den Sinn seiner Worte nach. Es war alles so klar und verständlich ....

Die Lehre von den Zeitaltern. Mir ist jetzt klar, dass ich mehr darüber wissen will und muss. Jetzt, beim Übergang ins Wassermannzeitalter werden alte Erkenntnisse in neuem Gewand wiedergewonnen und bekommen eine neue Qualität. „Eigentlich läuft der Tierkreis rückwärts", denke ich. Anders als wir es uns vorstellen, da wir ja mit dem Januar, dem Zeichen des Wassermanns beginnen, der Februar im Zeichen des„Fisches" und der März dann im „Widder" usw. steht...

Was man früher unter dem Begriff „Götter" verstand – heute sind es Energien, Strömungen, Kraftfelder, die wir spüren und mit unserem aufgeklärten Verstand anders deuten können. Damals nahmen die Energien für die Menschen Gestalt an. „Nach Eurem Glauben wird Euch geschehen" – dieser Satz kann als Bindeglied verstanden werden zwischen dem Damals und dem Heute. Denn wenn man nicht glaubt, so macht das die Begegnung schwer, wenn nicht unmöglich. Man muss sich den Dingen öffnen – nur so kann man die Allmacht Gottes, die Gegenwart von Wesenheiten oder Energien spüren.

Für die Etrusker war die Gegenwart von Göttern, Geistern und Dämonen Realität. Für die Kelten, ihre nordischen Verwandten im Geiste, ebenso. Und wir, denen das „innere Schauen" verlorenge-gangen ist, können es auf andere Art wieder lernen, indem wir unsere geistigen Fühler ausstrecken, um zu merken, was um uns herum vorgeht.

Hier in Etrurien wird es dem Suchenden leicht gemacht, aber nur, wenn er auch bereit ist zu schweigen, zu schauen und zu hören ...

Das ist der Grund, warum ich an Etrurien mein Herz verloren habe. Jedes Mal, wenn ich dieses Land verlasse, begleitet mich das Lächeln der Etrusker, die wissen, dass ich immer wieder zurückkomme.

Ende

Quellenangaben

Anregungen zu diesem Buch stammen aus folgenden Werken:

- *D.H.Lawrence; Etruskische Stätten,Beck&Glückler*

- *Hans Sterneder; Das kosmische Weltbild, G.E. Schroeder-Verlag*

- *Sibylle Cles-Reden; Das versunkene Volk, Margarete Friedrich Rohrer Verlag*

- *Ragna Enking; Etruskische Geistigkeit, Verlag Gebr.Mann, Berlin*